うきうき
우키우키
일본어독해
초급

우키우키 일본어 독해 초급

지은이 기타지마 치즈코 · 구미라
펴낸이 임상진
펴낸곳 (주)넥서스

초판   1쇄 발행 2006년 1월 25일
초판 11쇄 발행 2011년 2월 10일

2판 1쇄 발행 2011년 5월 20일
2판 2쇄 발행 2011년 5월 25일

3판   1쇄 발행 2016년 12월   5일
3판 12쇄 발행 2024년   3월 20일

출판신고 1992년 4월 3일 제311-2002-2호
주소 10880 경기도 파주시 지목로 5
전화 (02)330-5500 팩스 (02)330-5555

ISBN 978-89-98454-52-4 13730

이 책은 『넥서스 초스피드 일본어 독해 초급』(2011)의
개정판입니다.

www.nexusbook.com

NEW

う**きうき**
우 키 우 키

일본어 독해

초급

기타지마 치즈코 · 구미라 지음

넥서스

　この読解問題集は単に読解能力がつくというだけでなく、読んでおもしろく、ために
なる文章を載せました。問題を解いていくうちに日本人の考え方や感じ方が分かり、日
本で起きている話題や情報を知ることができるように構成しています。この点が、この
問題集の最大の特色です。

　ですからそれぞれの問題で、できるだけ身近な出来事を取り上げています。ちょっと
恥ずかしかったのですが、私自身の体験も書きました。せっかく日本語の読解問題に取
り組むのですから、日本の現状をぜひ知ってほしかったのです。

　使用語彙や文法事項は初級の範囲を超えないように作りましたから、N３の試験練習
問題としても十分使用することができると思います。クラス授業用としても個人でも使
用可能です。

　問題を解きながら文法の知識を身に着け、日本語の総合力がアップするように作りま
した。日本や日本人、日本語や日本の暮らしを発見して、楽しんで使ってくださった
ら、とてもうれしいです。

　이 독해 문제집은 단순히 독해력만 향상되는 것이 아니라, 읽으면 재미있고 유익한 문장들을 실었습
니다. 문제를 풀어가면서 일본인의 생각과 감정을 이해하고 일본에서 일어나는 화제나 정보를 알 수 있
도록 구성하였습니다. 이런 점이 이 문제집의 가장 큰 특징입니다.

　그래서 각 문제에서 가능한 한 일상적인 이야기를 다루고 있습니다. 조금 부끄럽습니다만 저의 체험
담도 썼습니다. 모처럼의 일본어 독해 문제집 집필이기에 일본의 상황을 꼭 알리고 싶었습니다.

　사용 어휘나 문법 사항은 초급 범위를 넘지 않도록 만들었기 때문에 일본어능력시험 N3 대비용으로
사용해도 전혀 손색이 없으리라 생각합니다. 학원 수업에서 사용하거나 개인이 혼자 공부할 때도 사용
할 수 있습니다.

　문제를 풀면서 문법 지식을 익혀 종합적인 일본어 능력이 향상되도록 만들었습니다. 일본과 일본인,
일본어나 일본 생활을 발견하며 즐겁게 공부하시길 바랍니다.

北嶋千鶴子

하나,

'독해야 아무렴 어때? 말만 잘 하면 되지.'하고 생각하는 사람들이 많다. 그러나 이건 잘못된 생각이다. 말이란 머릿속에 차곡차곡 입력된 다양한 정보들을 문장으로 구성하여 소리라는 매개체를 통해 그 뜻을 전달하는 것이다. 따라서 입력된 정보 없이는 발화할 문장도 없다. 또한 문장은 단어의 조합이어서 그 조합이 흐트러지면 문장도 없다. 이렇듯 다양한 정보를 입력하고 단어의 조합을 매끄럽게 하는 일등 공신은 바로 독해다. 그러므로 독해는 단순히 문장을 파헤치기만 하는 따분하고 쓸데없는 작업이 아니다. 입문에서 초급, 초급에서 다시 중급, 그리고 고급으로 실력을 향상시키기 위한 꼭 필요한 과정인 셈이다.

둘,

10대에게는 10대의, 20대에게는 20대의 수준에 맞는 말과 문화, 지적 정보가 있다. 아무리 외국어라 할지라도 자신의 환경과 목적, 조건 등의 균형을 맞춰 학습단계를 높여 가야만 스스로를 좋은 이미지로 정확하게 표현할 수 있다. 그런 의미에서 독해는 꼭 섭취해야 할 필수 영양소다.

셋,

어떤 종류이든 공부는 무조건 재미있어야 한다. 일단 흥미를 느끼면 다음 단계로의 진입에 어떤 어려움이 있어도 부수고 나갈 힘이 생긴다. 그래서 처음이 중요하고, 중요한 만큼 재미가 있어야 한다. 쉽고 재미있다. 어렵지만 재미있다. 이런 말이 저절로 나올 수 있게 해야 한다.

　나름대로 이런 의무감을 가지고 덤빈 책이다. 이 책은 흥미를 느낄 수 있는 테마들로 이루어져 있다. 초급 단계의 독해 입문자에게 눈높이를 맞추었기 때문에 대부분 재미로 쉽게 읽을 수 있는 지문이다. 어렵게 느끼지 않으면서도 필요한 것을 얻을 수 있는 독해의 요령을 정리하고, 해설은 별책을 마련해 각 테마별 지문마다 초급 단계에서 필요한 문형과 관용구 등을 정리해 두었다. 재미있게 읽으면서 각 테마 속에 숨은 정보를 찾고, 또 각종 일본어 시험에도 대비할 수 있도록 했다. 이 책을 공부한 학습자들이 독해에 재미와 필요를 동시에 느끼고 일본어 문장을 읽어가는 재미에 푹 빠져들기를 기대해 본다.

구미라

구성과 특징

비교적 간단하고 가벼운 테마의 짧은 지문이다. 초급 문법을 마치고 독해를 처음 시작하는 학습자들의 부담을 줄이기 위한 워밍업 단계라고 할 수 있다. 몸이 채 풀리기도 전에 처음부터 무리하게 뛰면 위험하다. 본 운동을 위한 준비운동이라 생각하고 가볍게 머리를 움직여 보자.

독해는 문장 길이 만큼의 집중력이 요구된다. Part 1에서 워밍업으로 유연해진 머리에 집중력을 불어 넣는 단계다. 서서히 집중력을 늘리는 연습을 한다. 문장이 길어지면 문맥이 복잡해지고 집중력이 흐트러져 주제를 찾는데 힘이 빠진다. 문맥의 흐름을 놓치지 않도록 연습하는 단계다.

이 책은 초급 문법 단계를 끝마치고 중급으로 올라가기 전 단계에서 활용할 수 있도록 수준을 맞췄다. JPT 500점대나 일본어능력시험 N3를 준비하는 학습자들이 문법·독해에 대비하기 위한 수험서로서의 기능도 고려했다.

각 과의 구성은 지문의 길이에 따라 크게 단문(短文), 중문(中文), 장문(長文)의 세 파트로 나누고, 각 파트는 15~20개 정도의 다양한 테마로 묶어 놓았다. 재미있게 읽으면서 문장의 길이에 따른 집중력을 키워 누구나 금세 문장을 읽는 요령을 터득하는 독해 입문서가 될 수 있도록 했다.

긴 문장에 익숙해지도록 연습하는 최종 단계이다. 글이 길면 길수록 문맥을 놓치기 쉽다. 글의 주제와 핵심어를 파악하고 추려내는 연습을 하는 단계다. 긴 뉴스 보도문을 듣고 몇 자로 요약하려면 고도의 집중력이 필요하듯, 긴 글을 빨리 읽고 그 주제를 파악하는 것은 많은 집중력과 훈련이 필요하다.

처음에는 각 지문을 여러 번 소리 내어 가볍게 읽으며, 대강의 줄거리를 파악한다. 읽으면서 눈에 띄는 단어나 관용구를 먼저 체크하고 마지막에 전체 글을 한 문장씩 꼼꼼하게 살펴 읽는다. 각 지문에는 〈핵심 포인트〉를 달아 쉽고 빠르게 문장을 파악할 수 있는 독해의 요령을 간추려 놓았다. 핵심포인트를 중심으로 지문을 정독한다.

목차

PART 3 - 장문(長文)

短文
단문

01

日本では 歩いて いる 人に よく ティッシュを くれます。大きな 駅の 近くでは ティッシュを くれる 人が 10人 以上も いるので、買わなくて も いいほど 集まります。

広告の 紙は もらいたく ないけれど、ティッシュなら もらうと 言う 人が 多いので、ティッシュに 広告を 入れて わたす ことに なったのでしょう。そのため 若い 人だけとか、若い 女の 人だけと か、男の 人だけにしか くれない ティッシュも あります。

質問 ティッシュは だれに あげますか。

1 歩いて いる 人には だれにでも あげます。

2 駅の 近くを 歩いて いる 人に あげます。

3 ティッシュが ほしい 人には あげます。

4 若い 女の 人には だれでも あげます。

 Point

- 「Aしたく ないけれど Bなら Aする」는 'A하고 싶지 않지만 B라는 조건만 성립한다면 A 를 할 의향이 있다'는 뜻을 나타낸다. 그러므로 말하고자 하는 핵심은 문장의 뒷부분에 있다.
- 「そのため」는 이유나 원인을 나타내는 접속사로, 앞 문장과의 인과 관계를 나타낸다. 따라서 「そのため」로 시작하는 문장과 그 앞 문장을 함께 묶어서 봐야 내용을 이해하기 쉽다.
- 마지막 문장의 「~だけにしか くれない」는 '~에게밖에 주지 않는다' 즉, '~에게만 준다' 는 뜻이다.

 Words

□ **ティッシュ** 티슈

□ **広告**こうこく 광고

□ **渡**わた**す** 건네다, 전해주다

02

むかしの 日本の 家は 夏 すずしく 生活できるように、南と 北に 窓を 作って 風が よく とおるように して ありました。そして、暑い 日は 水を にわに まいて にわから

涼しい 風が くるように しました。また、たたみの 下も 風が とおるように なって いて、家の 下に ねこが かくれたりも しました。

しかし、今は エアコンが あるので、どこに 窓を つけるか あまり 気に しませんし、たたみの へやも 少なく なりました。外の 温度^{おんど}と 家の 中の 温度^{おんど}が 合わないと 病気に なったり します。むかしの ように、窓を 開けて 風を とおした 方が 体の ために いいのでは ないで しょうか。

質問

日本の 家は 今と むかしと どこが ちがいますか。

1 今は 夏の 生活を 考えて 家を 作る 人が 少なく なりました。

2 今の 家は 窓が 南と 北に ありません。

3 今は 家に 風が とおる 道が ぜんぜん ないので 病気に なります。

4 今は エアコンで いつも すずしいので 体の ために いいです。

● 과거의 일본 집과 비교해 현재의 일본 집이 달라진 점을 설명하고 있다. 그러므로 「む かしの 日本の 家は」로 시작하는 문장과 「今は」로 시작하는 문장을 서로 비교하면서 읽으면 이해하기 쉽다.

□ **通**とぉる 지나가다, 통과하다

□ **まく** 뿌리다

□ **エアコン** 에어콘, 냉방기

03

東京にも、むかしの 日本らしい 景色が のこって います。高い ビル が ならんで いる ところ ばかりで は ありません。せまい 道に、1か い建ての 古い 家が ならんで いる

場所も ありますし、日本の にわも たくさん あります。

また、寺や 神社も 町の 中に ありますし、むかしの 建物が 集 まって いる 場所や むかしの 建物を 観光地に して いる とこ ろも あります。日本の 町は あちこち 歩いて みると、人が あま り 行かないような 場所にも このような 古い 日本の けしきが の こって いて、おどろかされる ことが 多いです。

質問 ▶ どうして おどろかされると 言って いますか。

1 古い 家が ならんで いる 場所が のこって いるからです。
2 人が 住んで いない ところに 日本の 景色が のこって いるからです。
3 人が あまり 行かない ところに 日本らしい ところが あるからです。
4 日本の にわや 寺や 神社が たくさん 集まって いるからです。

Point

- 「にわ」는 정원이나 마당 어느 쪽에도 다 사용한다. 조금 넓은 집이나 저택인 경우는 정원이 라 하면 되고, 일반 가정집이라면 마당이라고 보면 된다.
- 일본어는 언어학적으로 우리말과 같은 계통에 속하므로 문법 체계가 비슷하다. 그러나 표현 법에 있어서는 단어의 나열 순서 등이 다를 때가 많다. 그런 경우 퍼즐을 맞추듯 단어의 순 서를 앞뒤로 바꾸어 해석해 보면 쉽게 문장을 이해할 수 있다.

Words

☐ 1 かい建だて 1층 집

04

　　ジョギングを 始めて みたい 方、同好会に さんかして みませんか? 楽しく ジョギングが できる 方なら どなたでも OKです。会費は 無料です。

　　毎月 第2と 第4日曜日の 午前中に ジョギングを します。1キロを 6分くらいで ゆっくり 走ります。初心者には フォームなども 教えます。練習が 終わったら いっしょに お風呂や食事に 行きましょう。会員は 平均 30さいです。ジョギングだけでは なく、いつかは ハーフマラソンや フルマラソンを 走りましょう。

　　きょうみの ある方は れんらくして ください。

質問 ▶

どんな 人が さんか できますか。

1 マラソンの けいけんが ある 人です。

2 ジョギングが できる 人なら だれでも いいです。

3 お風呂や 食事が 好きな 人です。

4 30さいの 人です。

● 1월 첫째 주를 「一週目」, 그 다음주를 「二週目」라고 한다. 한 달의 첫 토요일, 일요일은 각각 「第一土曜日」, 「第一日曜日」라고 한다. 요일을 나타낼 때 쓰는 표현이다.

● 일본의 '동호회'는 한국의 '동아리'와 같다. 학교에서의 공식 클럽 활동이나 서클 활동과 비교하여 개인적인 모임을 나타낸다.

□ **ジョギング** 조깅
□ **マラソン** 마라톤
□ **同好会**どうこうかい 동호회
□ **参加**さんか 참가
□ **会費**かいひ 회비
□ **初心者**しょしんしゃ 초심자

05

　新しい 場所に ひっこしたら まず 近所に あいさつに 行きます。タオルや せっけん などの ちょっとした プレゼントを 持って 行く ことが 多いです。楽しく 生活する ためには 近所の 人と なかよく する ことが 大切です。近所に あいさつして おくと それからの 生活で こまった ことが あった 時、相談したり 近所の こと などを いろいろ 教えて もらったり、友だちに なる ことも あるかも しれません。

　あいさつに 行く 時に ゴミを 集める 場所や、何曜日に どの ゴミを 出すかを 聞いて おいた 方が いいです。住んで いる 場所が ちがうと ゴミの 分け方も ちがいます。ゴミは 毎日 出る ものですから、ゴミの 出し方が 原因で 近所の 人と けんかに なったり 注意されて 気分が 悪く なる ことも あるからです。

質問　なぜ あいさつに 行った 方が いいのですか。

1　プレゼントを あげないと なかよく なれないからです。
2　ゴミを まちがえて 出しても 注意されないからです。
3　さいしょに あいさつして おいた 方が なかよく なれるからです。
4　ゴミの 出し方を 注意された 時 けんかに ならないからです。

 Point

- 이 글은 이사와 관련해 이웃에게 인사를 해 두는 것이 왜 좋은지에 대해 설명하고 있다. 「〜ためには(〜하기 위해서는)」, 「〜と(〜하면)」, 「〜た方がいい(〜하는 것이 좋다)」 등의 표현에는 주제와 관련해 이유를 설명하는 내용이 흔히 온다.
- 4행의 「それから」는 '그러고 나서, 그 다음에'라는 뜻으로 바로 앞에 놓인 「あいさつしておくと」를 받는다. 즉 '이웃에게 인사를 해 두면 그 이후부터'라는 뜻이다. 문장을 읽을 때는 지시대명사 「これ / それ / あれ」가 지칭하는 대상을 잘 파악해야 한다.

 Words

- 引ひっ越こす 이사하다
- 相談そうだん 상담
- ゴミ 쓰레기

06

このごろ　毎日の　生活が　便利に　なって、体を　動かす　ことが　大変　少なく　なった。どこへ　行くにも　車や　電車に　乗り、かいだんを　使う　ことも　少なく　なった。

それで　体の　具合が　悪い　人が　ふえて　きた。病院へ　行くほどではないけれど、元気が　出ないと　言う　人が　いる。多くの　人の　体が　弱く　なって　いるのだ。そのうち　本当に　病気に　なる　人が　ふえそうな　気が　する。

質問

このごろ　日本人の　体は　どう　なって　いますか。

1　病気では　ないけれど、元気が　ないと　いう　人が　多く　なって　きました。
2　体が　弱く　なったので　かいだん　などを　使わなく　なって　きました。
3　病気に　なる　人が　ふえて　きました。
4　体の　具合が　悪いので　病院は　人で　いっぱいです。

 Point

- 제목과 첫 문장에서 다음에 어떤 내용의 글이 올지를 유추할 수 있다. 글의 주제가 되는 핵심어를 제목으로 쓰거나, 도입부 첫머리에 글 전체의 주제를 암시하는 내용의 문장이 놓일 때가 많기 때문이다.
- 「～そうな　気が　する」는 확실히 그렇다는 단정의 뜻이 아니라 그렇게 될 것 같은 느낌이 든다는 뜻이다. 글쓴이의 개인적인 추측·예상을 나타낸다.

 Words

- □ **動**うごかす 움직이게 하다
- □ **具合**ぐあい 상태, 형편
- □ **ふえる** 늘다

07

日本は 地震が とても 多いです。地震は いつ 来るか わからないので、日本では 地震の 時の ために 水、非常用の 食べ物や服、薬、ラジオ、ライト などを 準備して いる 家が 多いです。それらを かばん などに 入れて、いつでも 持って 行けるようにベッドの 下 などに おいて おきます。インターネットでも セットで たくさん 売られて いるし、もちろん デパートでも 売っています。また、市や 町、会社などで ただで 配る ところも あります。

これから 日本で 生活する 予定の 人は 準備した 方が いいでしょう。

質問 地震の ために なぜ いろいろ 準備を しますか。

1 インターネットで たくさん 売って いるからです。
2 水や 非常用の 食べ物が 食べたいからです。
3 地震が いつ 来るか わからないからです。
4 セットの 方が 安いからです。

핵심 Point

- 일본은 지진 대국으로 세계적으로 널리 알려져 있다. 2011년 일본 동북부 대지진은 쓰나미까지 동반하여 사망자가 1만 명이 넘는 큰 재해였다. 일본 가정에서의 지진 대책의 한 예를 들어 설명하고 있다.
- 「**~ところも ある**」는「**名詞＋もある**」로 이런 사람이 약간 있다는 의미이다. 인물일 때는「**~も いる**」가 된다. 예를 들면「**行く 人も いる**」는 대부분은 가지 않지만 가는 사람도 조금 있다는 의미이다.

Words

- □ **地震**じしん 지진
- □ **非常用**ひじょうよう 비상용
- □ **ただ** 공짜, 거저
- □ **配くばる** 나누어 주다, 배부하다
- □ **ぜひ** 꼭, 반드시

08

スマートフォンの 時代が やってきた。スマートフォンは 電話の きのうだけで なく、カメラ、ビデオ、MP3、インターネットまで 使え、えいぞうの へんしゅうも できる。また、自分の コンテンツや 意見を 世界中に つたえたり、世界中の 人と 同じ テーマで 意見を こうかんしたりも できる。新しい グローバル時代の はじまりだ。

このような コミュニケーション スタイルの きゅうげきな 変化が、社会に どのような えいきょうを あたえるか、これからが 楽しみだ。

質問 この 文章を 書いた 人が いちばん 言いたい ことは 何ですか。

1 携帯電話が スマートフォンに 変わりました。
2 必要な じょうほうを 調べる ためには スマートフォンが なければなりません。
3 スマートフォンが ないと、コミュニケーションが できません。
4 スマートフォンで コミュニケーションの 方法が 変わって きました。

- 주제문의 위치는 글에 따라 다르다. 도입부에 주제문을 먼저 제시한 다음 그에 따른 근거나 설명문이 나오는 경우도 있고, 마지막에 결론으로 주제문을 배치하기도 한다.
- 이 글은 마지막 문장이 주제문이다. 글쓴이는 '스마트폰에 의한 의사 소통 방식의 변화가 사회에 어떤 영향을 줄지 기대된다'고 말하고 있다.

- □ **携帯電話**けいたいでんわ 휴대전화
- □ **映像**えいぞう 영상
- □ **編集**へんしゅう 편집
- □ **コンテンツ** 콘텐츠
- □ **急激**きゅうげき 급격함

09

子供と 大人は いろいろ 物が ちがって 見えて いるようです。大人に なって 思い出の 場所に 行ったり すると、むかし とても 広いと 思って いた ところが 本当は せまかったり、高いはずの ところが 本当は 低かったり します。子供は せが 低いので、こんな ことが 起きるのかも しれません。

自転車に 乗せると いつも 声を 出して よろこぶ 子供が、ベビーカーに 乗せたら ぜんぜん 笑わなかったと いう ことも あります。そのためか、さいきん 高さの 高い ベビーカーも みられます。ベビーカーと 同じ 高さから まわりを 見て みたら、子供の 気持ちが 分かるかも しれません。

 この 文章を 書いた 人が いちばん 言いたい ことは 何ですか。

1 思い出の 場所は 長い 間に まったく かわって しまうと いう ことです。

2 子供と 大人は 見え方が ちがうと いう ことです。

3 子供と 同じものを 見る ために 高さの 高い ベビーカーが あります。

4 子供の 気持ちは 子供で なければ 分からないと いう ことです。

 Point

- 첫 문장에는 이 글에서 말하고자 하는 핵심이 들어 있다. 그리고 그 다음에는 그에 대한 구체적인 예를 하나씩 열거하고 있다. 이 예들은 어째서 '아이들은 사물을 볼 때 어른과 다르게 본다'고 생각하게 되었는지에 대한 근거를 제시한다.

- 「~たり ~たり する(~하거나 ~하거나 한다)」는 여러 가지 사항 중에 대표적인 몇 가지 사례를 들어 표현할 때 사용하는 문형이다.

 Words

□ 思おもい出で 추억

□ はずだ (틀림없이) ~일 것이다

□ ベビーカー 유모차

10

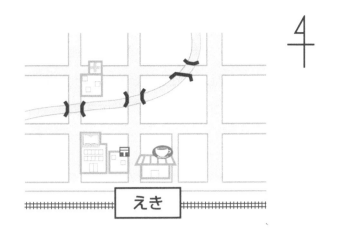

えき

質問 ▶ 地図から 分かる ことは 何ですか。

1 ゆうびんきょくは きっさてんの よこに あります。

2 駅から 病院へは はしを わたらなければ 行けません。

3 駅から 右に 行って 2ばん目の かどを まがって まっすぐ 行くと はし に 出ます。

4 町の 北から 東へ 川が ながれて います。

Point
핵심
• 지도를 보고 푸는 문제는 보기의 내용을 지도와 하나씩 비교하며 풀어야 한다.

Words
□ かど 모퉁이
□ まっすぐ 곧장

11

村田さんの　工場では　ボールペンを　作って　います。2006年に
1000こ　売れました。つぎの　年から　毎年　200こずつ　ふえて　きま
した。しかし　2010年は　前の　年と　同じだけしか　売れませんでし
た。その　つぎの　年には　前の　年より　200こ　少なく　なって　しまい
ました。

質問 ▶ ボールペンが　どれだけ　売れたか　あらわして　いる　グラフは
どれですか。

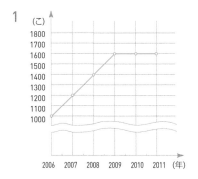

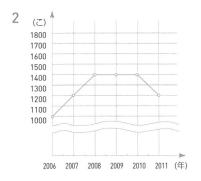

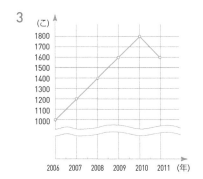

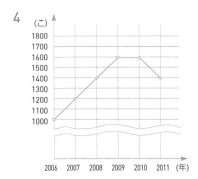

 Point
핵심

● 정확한 연도를 쓰지 않고 「前の 年」, 「つぎの 年」와 같이 간접적으로 표현하고 있으므로 헷갈
리지 않도록 주의한다. 먼저 시간적인 순서를 이해하고 그에 따른 판매량의 증감을 체크하면서
읽는다.

● 독해에서는 「しかし」와 같은 역접 접속사에 특히 주의해야 한다. 말하고자 하는 핵심이 바뀌기
도 하기 때문이다. 접속사 앞에 놓인 문장이 핵심인 것 같이 보이다가도 역접의 접속사 하나로
뒤에 놓인 문장이 주제문이 되거나 주제를 이해하는 키포인트가 되기도 한다.

 Words

□ 売ぅれる 팔리다

12

木や 草、花が 病気を なおす と 言ったら おどろくでしょう。 ガンに なって もう 病気は なおらないと 医者に 言われた 人 が、森が ある 町に ひっこして

毎日 何時間も 木の そばで すごす 生活を 始めたら、いつのまに か ガンが なおって いたと いう ことも あります。病気が なおっ た 本当の 理由は 分かりませんが、花を 見ただけで、あるいは 花 の いい においで 気持ちが よく なる ことは だれでも けいけん した ことが あるでしょう。

いやな ことが つづくと 病気に なったり、笑うと 病気が よく なったり、病気と 心の 間には ふかい かんけいが あるようです。

質問 この 文章では 何に ついて 言って いますか。

1 悪い 病気に なったら 森で 生活するのが いいと 言って います。

2 ガンは どういう 理由で なおるのか 分からない 病気だと 言って います。

3 病気と 気持ちは とても かんけいが あると 言って います。

4 すべての 病気の 原因は 心に あると 言って います。

Point
핵심!

● 두 번째 문장에서 「ガンに なって」는 「ガンに なってから(암에 걸리고 나서)」라는 뜻이다.

●「もう」는 항상 다음에 오는 문장과 함께 보아야 한다. 이 부사는 특성상 문장의 뒤가 아니라 앞에 오기 때문이다. 「もう 病気は なおらない」는 '더 이상 병은 치유되지 않는다'는 뜻이다. 뒤에 이어지는 「言われる」는 수동형이므로 해석에 주의해야 한다. 「言う」, 즉 말하는 사람은 '의사'이고, 말을 듣는 사람은 '암에 걸린 환자'이다.

Words

□ **おどろく** 놀라다, 경악하다

□ **すごす** 지내다, 살다, 보내다

□ **いつのまにか** 어느샌가

13

無水(むすい)と 言うのは 水が ないと いう 意味です。ですから 無水トイレは まったく 水を 使わない トイレです。でも 代わりに 薬を 使って います。

大きな 地震(じしん)の 時 いちばん こまるのが トイレだと 言われて いますが、この 無水トイレなら そんな しんぱいは ありません。また トイレの いやな においが しない、気持ちの いい トイレなのです。世界的に 水が 足りないから このような トイレは これから とても やくに 立つでしょう。ざんねんなのは、まだ 男性用しか できて いない ことです。

日本の いろいろな 場所で、この トイレが 使われて います。

 質問 ▶ この トイレが 使われて いる 理由は 何ですか。

1 水を ほとんど 使わない トイレだからです。
2 何も 使って いないのに においが しない トイレだからです。
3 水を ぜんぜん 使わないからです。
4 水より 薬の 方が 安いからです。

 Point
핵심
- 「〜と 言うのは」는 설명문에 많이 사용한다.
- 일본어 문장에서는 생략된 단어를 찾아내는 것이 매우 중요하다. 해석이 매끄럽지 않을 때는 그 문장 안에서 생략된 주어나 지시어가 가리키는 구체적인 대상을 찾아 대입하면 의외로 쉽게 풀린다. 세 번째 문장의 「代わりに」는 「水の 代わりに」가 되겠고, 「このような トイレ」는 「水を 使わない トイレ」가 된다.

Words
- □ **まったく** 전혀, 완전히, 정말이지
- □ **世界的(せかいてき)** 세계적
- □ **足(た)りない** 부족하다, 충분치 않다
- □ **ざんねんだ** 안타깝다, 유감이다

14

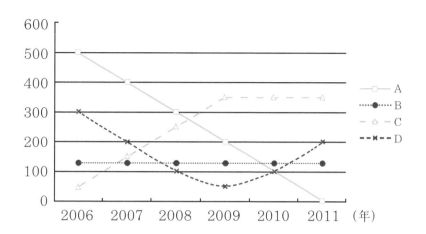

質問 ▶ グラフと せつめいと 合って いるのは どれですか。

1 Aは 2006年から ずっと 上がりつづけて います。

2 Bは ずっと 高い ところで かわりません。

3 Cは 2009年までは ふえて いましたが その 後 へり始めました。

4 Dは 2009年が いちばん そこでした。

 Point 핵심

● 그래프를 보고 푸는 문제이다. 그래프 문제에 자주 등장하는 단어들을 알아두면 유용하다. 상승이나 하강 곡선은 「上がる(올라가다) / 下がる(내려가다)」, 증가와 감소는 「ふえる (증가하다) / へる(감소하다)」, 변화 없이 옆으로 계속 수평선을 그리면 「よこばいじょう たい(제자리걸음 상태)」 또는 「かわらない(변함 없다)」 등과 같이 표현한다.

Words

□ 増ふえる 늘다, 증가하다

□ 減へる 줄다, 감소하다

□ 底そこ 바닥, 한계

15

質問 ▷ 絵と 合わない せつめいは 何ですか。

1 つくえの 上の えんぴつ入れに えんぴつが 何本も 入って います。

2 つくえの 下の ゴミ入れに ゴミが たくさん 入って います。

3 つくえの 上に 本が 何さつも おいて あります。

4 ノートの 間に ボールペンが あります。

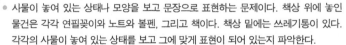

Point
핵심

● 사물이 놓여 있는 상태나 모양을 보고 문장으로 표현하는 문제이다. 책상 위에 놓인
물건은 각각 연필꽂이와 노트와 볼펜, 그리고 책이다. 책상 밑에는 쓰레기통이 있다.
각각의 사물이 놓여 있는 상태를 보고 그에 맞게 표현이 되어 있는지 파악한다.

Words

□ えんぴつ入れ 연필꽂이

□ 何本なんぼん 몇 자루, 여러 자루

PART
2

中文
중문

メイさん、しばらく お会いして いませんが、お元気ですか。大学院の 勉強は どうですか。むずかしい のでしょうね。でも ぼくとは ちがって、真面目な メイさんだから、きっと けいざいの 勉強を がんばって いると 思います。

ぼくは 国に 帰ってから、車を 売る 会社に つとめて いました。今は 自分で 会社を 始めようと 思って 動いて います。つとめて いた 時は 新しい 車を 売って いましたが、今度は 古い 車を 売る つもりで す。こちらでは 古い 車でも よく 売れるからです。ですから ぼくは 日本の 車を ゆにゅうする つもりで す。日本語学校で 習った 日本語が やくに 立って います。また 日本人の 友だちも てつだって くれて い ます。

来月 仕事で 日本へ 行く よていです。その 時 もし 時間が あれば、日本語学校で いっしょだった 友 だちに 会いたいと 思って います。知って いると 思いますが、アリさんも ヤンさんも まだ 大学に いま す。大学へ 行かないで 帰ったのは ぼくだけですから。先生にも お会いしたいですね。

クラス会を したいのですが、メイさん、ほかの 人に れんらくして いただけませんか。ぼくの メールは ×××@××××××××です。寒いですから、かぜを ひかないように。では メールを 待って います。

ロー

質問 ❶　　　この 手紙で いちばん 大切な ことは 何ですか。

　　1　メイさんに クラス会の れんらくを たのむ ことです。

　　2　メイさんに 仕事を てつだって もらう ことです。

　　3　メイさんに さいきんの 自分の ことを 知らせる ことです。

　　4　メイさんの さいきんの 生活に ついて 知る ことです。

質問 ❷　　　ローさんは 今 何を して いますか。

　　1　国に 帰ってから 会社で 働いて います。

　　2　自分の 会社で 働いて います。

　　3　自分の 会社を 作る じゅんびを して います。

　　4　今 車を ゆにゅうする 会社を 作りました。

● 편지글이다. 자신의 근황을 먼저 적고 문말(文末)에 간단히 용건을 밝히고 있다. 「〜ていただけませんか(〜해 주실 수 없겠습니까)」는 상대에게 자신의 바람을 말하거나 부탁할 때 많이 사용한다. 그러므로 짧고 간단한 내용의 글에는 그 글을 적는 이유나 목적이 「〜ていただけませんか」 문장 안에 숨어 있을 때가 많다.

● 「つもり / よてい」는 앞으로의 계획이나 일정 등을 나타낸다. 그러므로 이 단어가 나온 부분을 잘 읽으면 글쓴이의 의도나 취지를 이해하는 데 도움이 될 수도 있다.

□ **頑張**がんば**る** 노력하다, 분발하다, 애쓰다

□ **務**つと**める** 근무하다

□ **輸入**ゆにゅう 수입

□ **手伝**てつだ**う** 돕다, 거들다

□ **もし** 만약, 혹시

□ **たのむ** 부탁하다

02

メイさんは おととい デパートで 8千4百円の セーターを 買いました。うすい きいろの かわいい セーターでした。とても きれいな 色でした。しかし 家に 帰って 着て みると 少し 小さかったし、家族に ふとって 見える 色だと 言われたので いやに なって しまいました。やせて 見える  ように もっと こい いろの ものに する ことに しました。そこで つぎの 日 デパートへ 持って 行って かえて もらう ことに しました。

店員に 品物を 見せると「領収書を お持ちでしょうか。」と 聞かれ ました。領収書が なかったので かえられないと 言われて しまいました。家の どこかに あるはずなので、また 明日 来る ことに して 映画 を 見て 帰りました。

質問 ① メイさんは どうして セーターを かえたいのですか。

1 いろは いいですが、小さかったからです。

2 いろと 大きさに 問題が あったからです。

3 大きさは いいですが ふとって 見える いろだったからです。

4 家族が 大きい 方が いいと 言ったからです。

質問 ② セーターを 買った つぎの 日 メイさんは 何を しましたか。

1 デパートへ 行って セーターを かえて もらいました。

2 映画を 見てから デパートへ 行きました。

3 家に 領収書を とりに 帰りました。

4 映画を 見る 前に デパートへ 行きました。

- 백화점에서 산 물건을 교환하려 한다. ① 언제 어디서 무엇을 샀는지, ② 산 물건을 집에 가져와 어떻게 했는지, ③ 결국 산 물건을 어떻게 처리하기로 했는지의 순으로 읽는다.

- 수동은 말하는 사람이 행위를 하는 것이 아니라, 다른 사람으로부터 행위의 작용을 받았다는 뜻을 나타낸다. 수동 표현은 우리말에는 없는 표현인데, 동작을 하는 것이 누구인가를 밝혀 능동으로 해석하면 쉽게 이해할 수 있다.

- ☐ そこで 그래서
- ☐ **品物**しなもの 물건, 상품
- ☐ **領収書**りょうしゅうしょ 영수증
- ☐ **太**ふとる 살찌다
- ☐ **やせる** 마르다

03

　日本人は お弁当が 好きだ。デパートの 食品売り場には 必ず お弁当を 売って いるし、有名な レストランの お弁当などは それを 買う ために 列が できる。また、駅弁も それぞれの 土地の 特産物を とり入れた 有名な 駅弁が 多く、デパートでは 時々 駅弁フェアーなどが 開かれる。

　家庭では どうだろうか。子供たちの お弁当などは、のりや おかずなどを 使って 人気まんがの キャラクターを かいて みたり する「キャラ弁」と いう ものが あるし、ソーセージを タコの もように 切ったり、りんごを ウサギの もように したり して じつに 華やかだ。お弁当は 親の 愛情の バロメーターでも ある。また、「愛妻弁当」もある。愛する 夫の ための お弁当だ。お弁当を 開けると ハートマークが あったり、「好きよ」 などと ゴマや おかずで 書かれて いたり する。一度 インターネットで「日本の お弁当」を けんさくして みよう。新しい 日本を 見る ことが できるだろう。

質問 **❶**   キャラ弁は　どんな　お弁当ですか。

1 タコの　形を　した　ソーセージを　入れた　お弁当です。

2 ウサギの　形の　りんごを　入れた　お弁当です。

3 キャラクターの　人形が　入って　います。

4 のりや　おかずで　キャラクターを　作った　お弁当です。

質問 **❷**   この　文章の　内容と　合って　いる　ものは　どれですか。

1 駅弁は　駅 以外では　買えません。

2 レストランの　お弁当は　高くても　列が　できます。

3 お弁当に　ハートマークを　入れるのは　子供だけです。

4 日本は　お弁当が　好きな　人が　多いです。

- 일본은 도시락 문화가 발달해 있다. 식문화에서 「美しさ」를 중시하는 부분이 모양을 낸 도시락에 영향을 주었다고 볼 수 있다.

- 「キャラ弁」, 「駅弁」 등은 두 단어의 앞부분을 합쳐서 만든 줄임말이다. 모르는 단어가 나오더라도 전체적인 내용을 읽으면서 유추해 가면 어떤 의미인지 파악할 수 있을 것이다.

- □ **弁当**べんとう 도시락
- □ **売**うり**場**ば 매장
- □ **キャラクター** 캐릭터
- □ **愛妻**あいさい 애처, 사랑하는 아내
- □ **バロメーター** 바로미터, 척도

04

むかしから「ねる 子は そだつ」と ねる ことが 大切だと 言われて きましたが、さいきんの 子供は ねなく なって います。ある 調査では 夜 10 時 前に ねない 3さいの 子供が 52% も いて、20年 前の 2倍 以上に なって いるそうです。ねない 原因には、大人が 子供を つれて 夜 レストランに 行ったり、おそくまで テレビを 見て いたり する ことが あります。

子供が 夜 11時、12時に ねて 朝は 大人と いっしょに 起きて しまうと、体の 具合が 悪く なって しまいます。夜 ねない 子は 昼間 ねるのでは ないかと 考えるかも しれませんが、あまり ねないそうです。本当に 小さい 赤ちゃんでも 30分ぐらい ねて すぐに 起きると いう ことを 何度も つづけるそうです。これでは ねて いる 間に 体を そだてたり じょうぶに したり できません。それに 心も そだたないと 言われて います。

質問 **❶**　どうして　夜　早く　ねない　子供が　ふえましたか。

　　1　大人と　いっしょに　おそくまで　ねむらないからです。

　　2　大人が　子供を　ねかせないように　して　いるからです。

　　3　朝　大人と　いっしょに　起きて　しまうからです。

　　4　昼間　ねすぎて　しまうからです。

質問 **❷**　どうして　夜　早く　ねない　ことが　問題に　なって　いるのですか。

　　1　朝　起きられないからです。

　　2　昼間　ねたり　起きたり　して　しまうからです。

　　3　心や　体が　そだたないからです。

　　4　ねないと　病気に　なって　しまうからです。

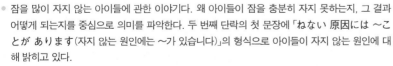

- 잠을 많이 자지 않는 아이들에 관한 이야기다. 왜 아이들이 잠을 충분히 자지 못하는지, 그 결과 어떻게 되는지를 중심으로 의미를 파악한다. 두 번째 단락의 첫 문장에 「ねない 原因には ～こ とが あります(자지 않는 원인에는 ～가 있습니다)」의 형식으로 아이들이 자지 않는 원인에 대해 밝히고 있다.

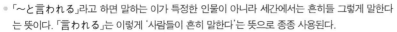

- 「～と言われる」라고 하면 말하는 이가 특정한 인물이 아니라 세간에서는 흔히들 그렇게 말한다는 뜻이다. 「言われる」는 이렇게 '사람들이 흔히 말한다'는 뜻으로 종종 사용된다.

□ **調査**ちょうさ 조사

□ **～倍**ばい ～배

05

日本は 祝日が 日曜日だったら、次の日も 休みに なる。たとえば、5月5日の こどもの 日が 日曜日だったら、月曜日も やすみに なる。それに、ハッピーマンデーという ものも ある。これは、いくつかの 祝日を 月曜日に して、土曜日と 日曜日を あわせて 3連休に しようと いう もので ある。たとえば 1月15日が 祝日で 木曜日だったら、19日の 月曜日を 休みに する。

　この ハッピーマンデーの おかげで、3日間 ゆっくり 休めるし、地方などでは 連休に 自分の ふるさとに 帰りやすく なったと いう。しかし、大学などでは 月曜日の 休みが 多く なるので 授業の 時間が 足りなく なる 問題が あるそうだ。また、たくさん 休める ことは うれしいが、むかしからの 祝日を 変えるので、ハッピーマンデーは 祝日の 意味を 無視して いると いう 人も 少なく ない。

質問 **①**　ハッピーマンデーは　何ですか。

1　3日間　休む　ために　祝日の　日を　変えた　ことです。

2　祝日の　次の　日を　休みに　する　ことです。

3　祝日を　月曜日に　変えた　ことです。

4　日曜日が　祝日だったら　月曜日も　休む　制度の　ことです。

質問 **②**　ハッピーマンデーの　問題は　何だと　いって　いますか。

1　祝日の　意味が　なくなる　ことです。

2　休みが　多すぎる　ことです。

3　祝日が　全部　ハッピーマンデーに　ならない　ことです。

4　ふるさとに　帰るには　もっと　休みが　必要だと　いう　ことです。

- 일본어 문장에는 접속사나 주어가 생략될 때가 많다. 그런 경우 전후 문맥을 살펴 감춰진 접속사나 주어를 채워 가며 문장을 읽어야 한다.

- 일본은 해피 먼데이 이외에도 휴일과 공휴일이 겹치면 다음날을 휴일로 하는 '대체휴일 제도' 등이 있어서, 1년에 몇 번 정도 장기 연휴가 있다. 5월의 장기 연휴는 '골든 위크'라고 한다.

- □ **祝日**しゅくじつ 공휴일
- □ **3連休**れんきゅう 3일 연휴
- □ **地方**ちほう 지방
- □ **成人**せいじん 성인
- □ **かさなる** 겹치다

06

駅は もともと 電車を 利用する ために ある。しかし、それだけで なく、ちょっとした ショッピングモールに なって いる ところが 少なく ない。もともと 小さい 駅でも 新聞や 飲み物 などは 売って

いる。それが、大きい 駅に なると 有名レストランや ケーキ屋、ブランドショップまで 何十軒も ならんで いる 駅も ある。

駅の 中の 店は 電車に 乗ったり おりたり する 時 利用できるので 便利だ。駅の 中に ある とこやは、10分ぐらいで かみを 切って くれるし 安いから 利用する 人が 多い。電車会社は 駅の 空いて いる 場所を 貸したり、自分たちで 店を 出したり して いる。大きい 駅では 駅を 利用する ためでは なく、ショッピングや ほかの 目的の ために 来る 人も 少なく ない。

質問 **1** 駅の 中は どう なって いますか。

1 小さい 駅の 店は 利用する 人が いません。

2 大きな 駅では ブランドショップ なども 入って います。

3 大きな 駅の 中は ショッピングして いる 人ばかりです。

4 駅の 中の 店は 外の 店より 高いです。

質問 **2** この 文章の 内容と 合って いる ものは どれですか。

1 駅の 中の 店は 電車に 乗らない 人は 利用できません。

2 電車の 会社は 駅の 中に 自分の 店を たくさん 作りました。

3 前には なかったような ケーキ屋や とこやなども あります。

4 駅の とこやは 列が 長くて 不便です。

Point 핵심

- 일본 전철역의 상점에 대해 적은 글이다. 대형 역에 다양한 가게들이 생겨나고 있다는 것을 객관적으로 묘사하고 있다.

- 이 글의 주제는 첫 단락과 마지막 문장을 연결해서 이해하면 쉽게 파악할 수 있다.

Words

□ **軒**けん 건물을 세는 말. ~채

□ **空**あく 비다

□ **貸**かす 빌려 주다

□ とこや 이발소

07

家の 近くに 小さな 道が
ある。長さは 300メートル
ほどだが、きびしい 冬 以外
は、いつも 花が いっぱい さ
いて いる。だれが 花の 世話
を して いるのか 分からなか
った が、自分の にわでも な

いのに ありがたい ことだと 思って いた。

　ある 朝 早く その 道を とおったら、80さい 近い おばあさんが 花
の 間の ゴミを とって いた。思わず「おはようございます。いつも 花
の 世話を して いらっしゃるんですか。」と 声を かけた。おばあさん
は 毎日 花の 世話を して いると いう ことだった。だれに たのまれ
た わけでも ないのに、(　　　　)花を そだてて いる。

　私は 急に お礼が 言いたく なった。「毎日 お世話して くださって い
るから、こんなに 美しい 花が さくんですね。この 道を とおるのが 楽
しみです。毎日 大変でしょう。いつも ありがとうございます。」と 言っ
たら、おばあさんは はずかしそうに 笑って「大変じゃ ありません。楽
しみで して いるんですから。」と 言った。

　私は、いつも 人の ために 働いて いた そぼの ことを 思い出して
いた。

質問 ❶ (　　　　　)の 中に てきとうな 言葉を 入れなさい。

　　1 人に 知られて

　　2 人に 知らないで

　　3 人知れず

　　4 人が 知らなくて

質問 ❷ どうして この 人は 自分の おばあさんを 思い出したのですか。

　　1 おばあさんと かおが にて いたからです。

　　2 おばあさんも 花の 世話が 好きだったからです。

　　3 おばあさんが 働くのが 好きな 人だったからです。

　　4 おばあさんが 人の ことを 考える 人だったからです。

- 글쓴이 자신의 할머니를 떠올리게 했던 따뜻한 에피소드이다. 이런 사적인 에피소드는 전체의 스토리 전개에 중점을 두고 읽어 가면 된다. '누가 · 언제 · 어디서 · 왜 · 무엇을 · 어떻게'의 육하원칙에 따라 내용을 파악한다.

- 「ありがたい ことだ」는 '(객관적으로 보았을 때) 고마운 일'임을 나타낸다. 「감정을 나타내는 형용사＋ことだ」를 사용하면 직접적으로 감정을 표현하는 것이 아니라 객관적인 표현이 되어 차분한 인상을 줄 수 있다.

- □ きびしい 혹독하다
- □ 世話せわをする 돌보다
- □ 思おもわず 무의식중에, 엉겁결에
- □ はずかしい 부끄럽다, 창피하다
- □ 楽たのしみ 즐거움

子供を 外国へ りゅうがくさせる 人も いますが、山の 村に りゅうがくさせる 人も います。山の 村に りゅうがくすると、子供たちは 2〜3人ずつに 分かれて 村の 家で 生活します。子供は その 家の 子供に （　　　　） 新しい 生活を 始めます。

学校も 近くには ありませんから、7キロも 歩いて 学校へ 行ったり する ことも めずらしく ありません。小さな 村の 学校は せいとが 少ないので クラスが 3つしか ないと いう 場合も あります。たとえば 1年生と 2年生、3年生と 4年生、5年生と 6年生が 同じ クラスに なって 勉強したり します。学校の せいとは みんな 友だちです。

家に 帰れば お父さんや お母さんを てつだいます。見る もの 聞く ものが 全部 はじめての けいけんです。山の 中で 1年か 2年ほど 生活すると 強い 子供に なるそうです。

質問 ❶　（　　　　　　　）の　中に　てきとうな　言葉を　入れなさい。

1　して

2　なって

3　生まれて

4　かわって

質問 ❷　山の　村の　りゅうがく生活は　どんな　生活ですか。

1　学校が　遠いので　どの　子も　７キロ　歩かなければ　なりません。

2　村の　学校は　みんな　小さいので　クラスが　３つしか　ありません。

3　いろいろな　けいけんを　するので　子供は　強く　なるそうです。

4　村の　生活は　きびしいので　楽しく　ありません。

Point
핵심

- 해외나 대도시가 아닌 시골 마을로 유학을 보내는 부모가 늘고 있다는 내용이다.

- 이유나 원인을 설명하는 「から」와 「ので」를 중심으로 살펴보면 산골 마을 학교의 상황과 시골에서 겪게 되는 아이들의 생활을 알 수 있다.

Words

□ **留学**りゅうがく 유학

□ **村**むら 마을

□ **めずらしい** 드물다, 희한하다

□ **生徒**せいと 학생

09

　日本の　囲碁人口は　ずっと　少なく　なって　いましたが、さいきん　少し　ふえて　きたようです。パソコンの　囲碁ゲームや　マンガ「ヒカルの碁」などの　おかげで、子供囲碁大会が　いろいろな　場所で　開かれて　います。外国から　やって　来た　人が　日本で　かつ　ことも　多いです。また　囲碁人口を　ふやす　ために、外国で　碁を　教えて　います。

　（　　　　　）、ヨーロッパでも　囲碁を　する　人が　ふえて　います。特に　ドイツ、イギリス、オランダ、フランス、ロシア、ウクライナ　などでは　囲碁が　さかんで、ドイツ　5万人、イギリス　4万人、オランダ　3万人、フランスも　2万人　以上の　ファンが　いると　みられて　います。

　しかし　何と　言っても、アジアは　もっとも　囲碁が　さかんな　ところです。中国、韓国、たいわん　などに　ファンが　多く、中でも　韓国は　今　もっとも　囲碁が　さかんな　国です。囲碁が　好きな　人が　900万人、子供囲碁教室も　1000教室　以上　ありま

す。囲碁は　子供の　頭を　よく　すると　いう　ことで　習わせる　親が　多いそうです。2010年の　アジア大会では　団体、ペア、男子、女子　すべて　韓国が　金メダルでした。

質問 ① 　　　（　　　　　　）の　中に　てきとうな　言葉を　入れなさい。

　　　　　　1　それから
　　　　　　2　そして
　　　　　　3　それでも
　　　　　　4　その　おかげで

質問 ② 　　　囲碁が　いちばん　さかんな　ところは　どこですか。

　　　　　　1　韓国（かんこく）
　　　　　　2　中国（ちゅうごく）
　　　　　　3　ドイツ
　　　　　　4　日本

- 한국, 일본 등을 비롯한 아시아권의 바둑 열풍에 대해 말하고 있다. 각 나라에서 바둑의 인기를 설명한다.

- 「~するということで」는 '~한다는 이유로'라는 뜻이다. 「こと」를 이유로 해석하면 쉽다. 「子供の　頭を　よく　する　という　ことで」는 어린이 바둑교실이 인기가 있는 이유를 설명하는 것이다.

- 「見られる」는 '~으로 추측된다, 판단된다'는 뜻이다. 단순히 「見る」의 수동형으로만 보고 '누군가가 (나를) 보았다'는 식으로 해석하면 문맥의 흐름이 통하지 않는다.

- □ 囲碁（いご） 바둑
- □ 開（ひら）かれる 열리다, 개최되다
- □ ふやす 늘리다, 증가시키다
- □ さかんだ 성하다, 한창이다, 인기가 있다
- □ もっとも 가장

10

　　日本人が 好きな 数は 1・3・5・7 などですが、9は 好きでは ありません。9の 読み方の ひとつが「く」で 苦しいの「く(苦)」と 同じだからです。日本人は 同じ 理由で 4も きらいです。4は「し(死)」と 読む ことが あるからです。そのため 病院の 部屋の ばんごうには 4を つけません。

　　しかし 中国人は いい 意味を 持つ 言葉と 発音が 同じなので 9が 好きだそうです。4は 中国語の 発音でも 同じように「死」と 似て いるそうで、きらいな 数だそうです。

　　国に よっては 13が きらいな 国も あります。こちらは キリストの さいごの 食事を 13人で したと 言う 話から 生まれました。中国人や 日本人が 発音が 原因で きらいだと 言って いるのとは ちがいます。

質問 ❶　「9」に ついて 何と 言って いますか。

1 「きゅう」と 読むのは いいですが、「く」と 読むのは よく ないです。

2 中国語で 9と 同じ 発音の 言葉は よく ない 意味です。

3 日本人は よく ない 意味の 言葉と 同じ 発音ですから、きらいなの です。

4 「く」を 使うと よく ない ことが 起きるから きらいなのです。

質問 ❷　きらいな 数に ついて 何と 言って いますか。

1 中国人と 日本人は 同じ 理由で 4が きらいです。

2 日本の 病院では 13は 使いません。

3 外国の 人は みんな 13が きらいです。

4 きらいな 数は 国に よって 全部 ちがいます。

● 일본과 중국, 그리고 서양에서 좋아하는 숫자와 싫어하는 숫자에 대해 설명하고 있다. 어떤 숫자를 좋아하고 싫어하는지, 또 왜 그런지를 파악하는 것이 이 글의 핵심이다.

● 「日本人が 好きな 数は～ / 中国人は～ 」라는 식으로 주어를 명확하게 드러내고 있다. 「から」 등의 이유를 설명하는 조사에 유의하면 왜 그 숫자를 좋아하고 싫어하는지 알 수 있다.

☐ 苦くるしい 괴롭다, 고통스럽다
☐ 発音はつおん 발음
☐ キリスト 그리스도

11

お茶は コーヒーと 同じ
ように、世界中で 飲まれて
います。しかし 国が ちがう
と その 作り方や 飲み方が
ちがいます。お茶が 生まれ
た 中国では、半分 はっこう
させた「ウーロン茶」などを
飲んで います。

世界で お茶を たくさん 作って いるのは インド、それから 中国で
すが、インド人が よく 飲む お茶は、全部 はっこうさせた「こうちゃ」
です。こうちゃは ヨーロッパや アメリカ などでも よく 飲まれて いま
す。また ほかの お茶と ちがって、こうちゃは さとうや ミルクと いっ
しょに 飲む ことも 多いです。日本では はっこうさせない 日本茶が い
ちばん よく 飲まれて います。日本茶は 何も 入れないで 飲みます。

3つの お茶は、同じ お茶の 木から 作りま
す。作り方が ちがうだけです。作り方が ち
がうと、味も 中に 入って いる 物も ち
がって きますが、どれも 体に いいです。

質問 ❶　お茶の ちがいに ついて 何と 書かれて いますか。

1　お茶は 作り方が ちがっても 入って いる 物は 同じです。

2　味が ちがうのは お茶の 木が ちがうからです。

3　作り方は ちがっても みんな 体に いいです。

4　日本茶は あまり はっこうさせない 方が 味が いいです。

質問 ❷　この 文章を 書いた 人が いちばん 言いたい ことは 何ですか。

1　飲む お茶で どこの 国の 人か 分かります。

2　インド人は 毎日 こうちゃを 飲んで います。

3　中国は 世界で ３ばん目に お茶を たくさん 作って います。

4　どれだけ はっこうさせるかで ちがった お茶が 生まれます。

● 두 번째 문장에 주제가 담겨 있다. 접속사는 문장을 이해하는 중요한 열쇠가 된다. 특히 역접의 접속사는 주제의 반전을 가져올 수도 있기 때문에 더욱 주의 깊게 살펴야 한다. 첫 단락에서처럼 도입부는 차가 커피와 같은 듯 이야기를 꺼내지만, 결국은 커피와 다른 점이 부각되기도 하기 때문이다.

● 「インド人が～ 全部 はっこうさせた 「こうちゃ」です」에서 「全部」는 「はっこうさせる」와 연결하여 해석한다. 앞 문장에서 언급한 '반쯤 발효시킨 우롱차'와 대비하여 예로 든 것이므로 '인도인이 마시는 차는 전부 홍차'가 아니라 '반쯤 발효시킨 것이 아닌 완전히 발효시킨 홍차'라는 뜻이다.

☐ **発酵** はっこう 발효

☐ **紅茶** こうちゃ 홍차

☐ **砂糖** さとう 설탕

12　　　私は　クレジットカードが　きらいだ。前
に　カードを　おとして　大変　こまった　こと
が　あるからだ。しかし、近所の　スーパーの
カードは　別だ。持って　いないと　1年に　何
かいも　ある　割引きが　うけられないのだ。
洋服や　くつ、ちゃわんや　なべ、おもちゃなど、いろいろな　ものを　割引
きして　くれるから、この　カードは　どうしても　必要だ。また　その　ほ
かに、毎朝　9時から　10時まで　カードで　食料品を　買うと　5％の　割引
きも　うけられる。

　　それに　カードには　ポイントが　ついて　いる。1000円の　品物を　買う
と　1ポイントが　もらえる。毎日　買い物を　するから　ポイントが　ふえ
る。それを　集めて　品物と　かえるのだ。小さな　品物から　車や　旅行ま
でも　ある。(　　　　)　楽しみだ。

質問 ❶　　　　(　　　　　　)の 中に てきとうな 言葉を 入れなさい。

　　　　1　それに
　　　　2　それも
　　　　3　それと
　　　　4　それから

質問 ❷　　　　カードを 持って いる いちばんの 理由は 何ですか。

　　　　1　お金を 持って いない 時に 便利だからです。
　　　　2　ポイントを 集めたいからです。
　　　　3　割引きして もらえるからです。
　　　　4　ポイントの 品物が いいからです。

Point 핵심

- 「~は 別だ」는 '~는 예외다(다르다)'라는 뜻이다.
- 「割引きが うけられないのだ」에서 「の」는 앞 문장의 이유를 설명하는 기능을 한다. 「の」의 기능은 무척이나 다양한데, 우리말로 해석할 때 직역이 불가능한 경우도 있어서 의역하거나 생략하고 해석한다.

- □ クレジットカード 신용카드
- □ 割引わりびき 할인
- □ ちゃわん 밥그릇
- □ なべ 냄비
- □ ポイント 포인트

13

日本ほど 自動販売機が 多い 国は ないだろう。日本は 安全な 国だからだと 言われて いる。自動販売機が こわされて 品物や 金が ぬすまれる ことも ほとんど ない。駅の きっぷや 映画の きっぷを 売る 自動販売機は 便利だと 思う。おかしや 食べ物を 売って いる 自動販売機も あって、品物 全部を 自動販売機で 売って いる 店員が いない 店まで ある。

道を 歩くと タバコの 自動販売機が よく 見える。これは 未成年者は 利用できないように なって いるが、大人の 目を ぬすんで タバコを 買う 高校生も いるそうだ。それに いなかの 古い 自動販売機の 中には 子供でも 買う ことが できる ものが 残って いる。私は 自動販売機で タバコを 売るのは 問題が あると 思って いる。

質問 ❶   **自動販売機が 問題に なって いる 理由は 何ですか。**

1 あちらにも こちらにも ありすぎる ことです。
2 中の お金が どろぼうに とられて しまう ことです。
3 タバコの 自動販売機を 高校生が 使ったり する ことです。
4 店員の 仕事が なくなる ことです。

質問 ❷   **この 文章を 書いた 人が いちばん 言いたい ことは 何ですか。**

1 自動販売機は 便利ですが 何でも 売るのは 問題です。
2 ビールや タバコの 自動販売機が 子供にも つかえて 便利です。
3 日本の 自動販売機は とても 強いので こわれません。
4 人を えらべる 自動販売機が 必要です。

● 자동판매기의 천국인 일본의 자동판매기가 어디까지 발전되었으며, 또 그 장점과 단점은 무엇인지를 설명하는 글이다.

☐ **自動販売機** じどうはんばいき 자동판매기

14

　　「植玩」と　いう　ものを　知って　いますか。「植玩」と　いうのは　植物の「植」と　おもちゃを　意味する「玩具」を　合わせて　作った　言葉です。たとえば、A社の　品物は、開けて　水を　やると、4～10日で「ありがとう」、「おめでとう」、「だいすき」、「I love you」などと　いう　言葉が　書かれた　芽が　出て　きます。B社では　たまごに　水を　十分　やると、たまごが　われて、中から　芽が　出て　きます。言葉は「ありがとう」、「だいすき」などです。どちらも　800円　以内で　買え、子供ばかりでなく　大人にも　売れて　いるそうです。

質問 ❶ 　　「植玩」と　いうのは　何ですか。

1　植物を　使った　おもちゃの　ことです。

2　植物で　言葉を　作る　おもちゃの　ことです。

3　子供が　好きな　言葉を　書いた　おもちゃです。

4　植物に　字を　書いた　ものです。

質問 ❷ 　　どれが　B社の　物ですか。

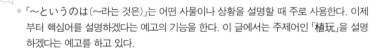

1　　　　　　2　　　　　　3　　　　　　4

Point
핵심
● 「～というのは（～라는 것은）」는 어떤 사물이나 상황을 설명할 때 주로 사용한다. 이제부터 핵심어를 설명하겠다는 예고의 기능을 한다. 이 글에서는 주제어인 「植玩」을 설명하겠다는 예고를 하고 있다.

Words
□ **植物**しょくぶつ 식물
□ **玩具**がんぐ 완구
□ **合**あ**わせる** 합치다, 맞추다
□ **芽**め 싹

洪・元培さんは、韓国から 来た 37さいの 男の 人です。今「日本自動車」で 働いて います。会社は 新宿に あります。洪さんは 西武線の 秋津駅の そばに 住んで いますから、毎日 池袋で 西武線から 山手線に 乗りかえて 会社に かよって います。朝も 夕方も 山手線は とても こんで いて、乗るのが 大変です。それに、日本は 韓国より 交通費が 高いです。それで 定期券を 買う ことに しました。

定期券は ネットでも 申し込めますが、自動発売機で うけとらなければ ならないし、心配なので、洪さんは 今日(9月1日) 定期券を 買いに 駅に 行きました。定期券は 長く 買うほど 安く なるので 6か月分買いました。

質問 ❶　　　正しい 申込書は どれですか。

1

定期乗車券購入申込書

| 氏 名 | 洪元培　様 | 年齢 | ヨ7　歳 |

| フリガナ | ホン ウォンベ |

| 電話番号 | 042-393-xxxx |

勤務先または通学先名称	日本自動車
区 間	秋津　　駅から
	新宿　　駅まで
経由	池袋
使用開始日	2011 年 9 月 1 日から
有効期間	1ヵ月・3ヵ月・⑥ヵ月
通勤・⑩通学	⑩大人・小児	⑩男・女

2

定期乗車券購入申込書

| 氏 名 | 洪元培　様 | 年齢 | ヨ7　歳 |

| フリガナ | ホン ウォンベ |

| 電話番号 | 042-393-xxxx |

勤務先または通学先名称	日本自動車
区 間	秋津　　駅から
	新宿　　駅まで
経由	池袋
使用開始日	2011 年 9 月 1 日から
有効期間	1ヵ月・3ヵ月・⑥ヵ月
⑩通勤・通学	⑩大人・小児	⑩男・女

3

定期乗車券購入申込書

氏 名	洪元培 様		年 齢	３７ 歳
フリガナ	ホン ウォンベ			
電話番号	042-393-xxxx			

勤務先または 通学先名称	日本自動車	
区 間	秋津	駅から
	新宿	駅まで
経 由	新宿	
使用開始日	2011 年 9 月 1 日から	
有効期間	1ヵ月・③ヵ月・6ヵ月	
通勤 通学	大人 小児	男・女

4

定期乗車券購入申込書

氏 名	洪元培 様		年 齢	３７ 歳
フリガナ	ホン ウォンベ			
電話番号	042-393-xxxx			

勤務先または 通学先名称	日本自動車	
区 間	秋津	駅から
	新宿	駅まで
経 由	池袋	
使用開始日	2011 年 9 月 1 日から	
有効期間	1ヵ月・3ヵ月・⑥ヵ月	
通勤 通学	大人 小児	男・女

質問 ❷ この 文章の 内容と 合って いる ものは どれですか。

1 定期券は ３か月分 買うと いちばん 安いです。
2 洪さんは 学校に 行く ための 定期券を 買います。
3 西武線は いつも こんで います。
4 洪さんは 池袋を とおって 新宿に 行かなければ なりません。

Point

● 「韓国から 来た 37歳の 男の 人です」는 수식이 두 번 쓰인 문장이다. 홍원배 씨는 어떤 사람인가 하면 「韓国から 来た 男の 人」이고 「37歳の 男の 人」이다.

● 일정 기간과 일정 구역을 정해 놓고 묶음으로 계산하는 것이 정기권이므로, 「長く 買うほど 安く なる」는 기간을 길게 정하면 저렴하다는 뜻이다. 예를 들면 한 달짜리보다는 두 달짜리, 두 달짜리보다는 석 달짜리로 기간을 길게 할수록 더 많이 할인된다는 뜻이다.

Words

□ 乗のりかえる 갈아타다
□ こむ 붐비다, 혼잡하다
□ 定期券ていきけん 정기권
□ 申もうし込こみ 신청

16 　人気が　ある　スポーツは　時代に　よって　ちがいます。野球は　今でも　人気が　ありますが、むかしほどでは　ありません。また卓球（たっきゅう）の　ように　「卓球（たっきゅう）日本」　などと

言われて　とても　人気が　あったのに、人気が　なくなって　しまった　れいも　あります。同じように　東京オリンピックの　ころは　バレーボールに　人気が　集まりましたが、弱く　なると　ともに　人気が　なくなって　しまいました。

　これは　どこの　国でも　同じだろうと　思います。モンゴルでは　今　日本の　すもうが　人気です。すもうで　よこづなを　出して　いるし、その　よこづなが　とても　強いからでしょう。日本では　さいきん　サッカーやゴルフに　人気が　集まって　います。それぞれ　世界でも　かてるようになったからかも　しれません。

　時代に　よって　少し　かわって　いても　スポーツ自体の　人気は　かわりません。小学校　１年生の　なりたい　人　ベスト１は　1999年から　ずっと　スポーツせんしゅでした。スポーツせんしゅの　中には　タレントよりも　人気の　ある　人も　います。

質問 ❶   「これ」の 意味は 何ですか。

　1　弱い スポーツは 人気が なくなると いう ことです。

　2　すもうに 人気が 集まる ことです。

　3　スポーツの 人気は 強いか 弱いかに かんけいが ない ことです。

　4　バレーボールの 人気が なくなって きた ことです。

質問 ❷   この 文章の 内容と 合って いる ものは どれですか。

　1　世界では いつも 強い スポーツだけに 人気が 集まります。

　2　日本では スポーツせんしゅに なりたい 小学生が 多いです。

　3　すもうが 人気なのは モンゴルだけです。

　4　人気が つづいて いる スポーツは ありません。

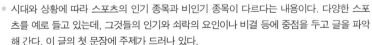

- 시대와 상황에 따라 스포츠의 인기 종목과 비인기 종목이 다르다는 내용이다. 다양한 스포
츠를 예로 들고 있는데, 그것들의 인기와 쇠락의 요인이나 비결 등에 중점을 두고 글을 파악
해 간다. 이 글의 첫 문장에 주제가 드러나 있다.
- 「これ / それ」 등의 지시어가 가리키는 것은 대개 바로 앞 문장 안에 들어 있을 때가 많다.

- **卓球**たっきゅう 탁구
- **横綱**よこづな 요코즈나
　(스모의 제일인자)
- **選手**せんしゅ 선수

17

　年を　とった　人に　なるべく　外
に　出て　もらおうと、ある　市で　小
さな　バスを　走らせる　ことに　しま
した。その　バスは、ふつうの　バス
が　とおらない　場所や　せまい　道を
走ります。止まる　場所も　たくさん

あります。それに　1人　100円です。これは　ふつうの　バスの　半分ぐら
いの　ねだんです。

　はじめは　市から　たくさん　お金を　もらわなければ　バスを　走らせる
ことは　できないと　考えられて　いました。でも　安いから、近くに　行く
のにも　バスに　乗る　人が　ふえました。いろいろな　人が　バスを　使って
います。それで　市は　お金を　出さなくても　すみました。今では　いろい
ろな　町や　市で　このような　バスが　走って　います。

質問 ❶　　　市は　どんな　バスを　走らせる　ことに　しましたか。

　1　年を　とった　人だけを　乗せる　ための　バスです。

　2　市の　人だけを　乗せる　ための　バスです。

　3　せまい　道でも　とおれる　小さい　バスです。

　4　100円で　市の　中の　すべてを　とおる　バスです。

質問 ❷　　　この　バスに　ついて　何と　言って　いますか。

　1　バスの　おかげで　年を　とった　人が　たくさん　外に　出るように　なりました。

　2　おじいさん、おばあさんの　ための　バスでは　なくなって　しまいました。

　3　いつも　こんで　いるので　みんな　こまって　います。

　4　思って　いたより　お客が　いたので　市から　お金を　もらって　いません。

Point 핵심

● 「外に　出て　もらおう」는 우리말로 직역하기 힘들다. 우리말에는 없는 표현법이기 때문이다. 「～てもらう」가 쓰인 문장은 누군가로부터 어떤 행위를 받고 싶다, 즉 상대가 「て」앞에 놓인 동사의 행위를 해 주길 바란다는 뜻이다. 따라서 「外に　出て　もらおう」는 노인들이 「外に　出る」의 행위를 해 주었으면 좋겠다는 것이다.

● 예상과 달리 시의 원조를 받지 않아도 되는 이유에 집중하며 글을 읽는다. 그것은 곧 이 버스의 장점이기도 하며 이 글 전체의 요점이 되기 때문이다.

Words

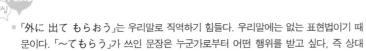
□ **走**はし**らせる** 달리게 하다

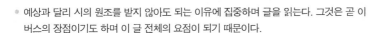
□ **止**と**まる** 세우다, 멈추다

18

A　さら洗い
　　1時間　1000円
　　月～金　午後5時～12時
　　土・日　午前10時～午後2時　午後5時～12時

B　店員
　　1時間　1200円
　　月～金　午後11時～午前6時

C　店員
　　1時間　1500円
　　月・水・金　午前9時～午後2時

D　うけつけ
　　1日(9時～6時　昼休み1時間)　7000円
　　土・日

質問 ❶　　　　一週間　バイトを　した　場合、正しい　ものは　どれですか。

1　Dの　仕事は　働いて　いる　時間が　いちばん　短いです。

2　Dの　仕事は　1時間で　もらえる　お金は　Bの　仕事より　安いですが、A
　　の　仕事より　高いです。

3　Cと　Dの　仕事を　すれば　Bの　仕事より　お金を　たくさん　もらえます。

4　3万円以上　もらう　ことが　できるのは　Aか　Bの　仕事を　した　時です。

質問 ❷　　　　どの　仕事が　いちばん　お金を　もらえますか。

1　Aの　仕事を　した　場合です。

2　Bの　仕事を　した　場合です。

3　Bと　Dの　仕事を　した　場合です。

4　Cと　Dの　仕事を　した　場合です。

Point
핵심
● 모집 파트별 조건이 다른 아르바이트 구인광고이다. 각 파트에 따른 월급, 근무 시간 등의
　채용 조건에 주의해서 읽는다. 요일에 따른 근무 시간도 다르므로 여러 가지를 종합해서 어
　떤 파트가 가장 조건이 좋은지를 체크한다.

Words
□ さら洗ぁらい 설거지
□ 店員てんいん 점원
□ うけつけ 접수

19　　　南から　台風が　近づいて　いる　ために　「ふくおか」、「こうち」は　一日中　雨が　ふるでしょう。「なごや」は　台風の　ため　午前中は　くもっていますが、その　後　雨が　ふって　くるでしょう。「おおさか」は　朝の　うちは　いい　天気ですが、午後から　雨に　なるでしょう。「とうきょう」と「せんだい」は　午前中　はれ、午後から　雨に　なるでしょう。「にいがた」、「あきた」は　はれますが、時々　くもるでしょう。「さっぽろ」は　一日中　いい　天気が　つづくでしょう。

質問 **1**　天気よほうの　せつめいと　絵が　ちがって　いる　ところは
どこですか。

1　おおさか

2　なごや

3　せんだい

4　あきた

*天気よほう

・A｜B：Aですが 時々 Bです。
　　　　Aですが、少しの時間 Bです。

・A／B：はじめは Aですが 後で Bに なります。

質問 **2**　今日は　どんな　天気に　なると　言って　いますか。

1　台風の　ために　日本　全体の　天気が　よく　ないです。

2　南ほど　また　時間が　たつほど　天気が　悪く　なる　ところが　ふえます。

3　とうきょうと　にいがたでは　とうきょうの　方が　天気が　いいです。

4　おおさかは　なごやほど　雨が　ふりません。

Point
핵심

● 일기예보인 만큼 비가 오고, 구름이 끼고, 맑게 개는 등 날씨가 어떤 순서로 언제 어디서 어
떻게 진행이 되는지를 잘 파악해야 한다. 「時々(때때로) / 少しの間(잠시 동안) / その後
(그 후에) / 朝のうち(아침 나절) / 午前中(오전 중) / 一日中(하루 내내)」 등 시간적 조
건을 나타내는 단어에도 유의한다.

Words

□ **台風**たいふう 태풍

□ **近**ちかづく 가까이 다가
가다, 접근하다

20

日本の カレーを 食べた ある アメリカ人が 「これは カレーじゃなくて シチューだよ。」と 言った。インドの カレーは 水のようだ。それに くらべて 日本の カレーは とろっとして たしかに シチューに 近い。 カレーシチューと 言ったら いちばん 合って いるだろう。

日本では ほとんど、レストランでも 家でも とろっとした カレーだ。私は はじめて インドカレーを 食べた 時 「これが カレーなんだ。」 と びっくりした。それに、日本では ごはんの 上に カレーを かけて 食べるが、インドは ごはんと カレーが 別々に なって いるのが ふつうだ。

この カレーのように 料理は 別の 国に つたわると その 国に あわせて 味や 食べ方が 変わって いくのだろう。

質問❶ カレーに ついて 何と 書かれて いますか。

1 インドの カレーは 日本の カレー ほど とろっとして いません。

2 日本の カレーは カレーシチューと 言います。

3 インドの カレーは 味が うすいですが 日本の カレーは こいです。

4 日本では インドの カレーを 家で 食べられません。

質問❷ この 文章を 書いた 人が いちばん 言いたい ことは 何ですか。

1 国に あわせて カレーの 味や 食べ方が 変わりました。

2 日本では インドカレーを 売って いません。

3 日本人が インドカレーを 食べると おどろきます。

4 アメリカの 人は 日本の カレーが 嫌いです。

● 이 글에서 사용된 조동사 「ようだ」는 그 기능이 각기 다르다. 「水のようだ(물과 같다)」는 비유, 「カレーのように(카레처럼)」은 예시의 기능을 한다.

□ **とろっと** 걸쭉하고 질 척척한 모양·상태
□ **合ぅう** 맞다, 어울리다

PART 3

長文 장문

ちきゅうが だんだん あたたかく なって います。そのため 海の 水が ふえて なくなって しまいそうな 島が あります。それでは、その 島に 住んで いる 人たちの 生活は どう なるのでしょうか。ほかの 島に ひっこせば いいと いうのでしょうか。ずっと 長い間 そこに 住んで 仕事を して いるのですから、簡単に ひっこす ことは できません。

ちきゅうが あたたかく なる 原因は 世界中の 人の 生活の しかたに あります。車に 乗ったり 電気を 使ったり 生活が 便利に なればなるほど ちきゅうが あたたかく なって しまいます。私たちが 原因を 作って いるのです。

島の 人の ためだけでは ありません。ちきゅうが あたたかく なると、いろいろな ことが 起きて きます。さいきん 天気が 変に なっています。ちきゅうの あちらこちらで <u>雨が ひどく ふったり</u>、反対に 雨が ぜんぜん ふらなく なったり して います。そのうち ちきゅうには 人が 住めなく なって しまうかも しれません。

国や 会社も ちきゅうが あたたかく なるのを 止める ために いろいろな ことを しようと して います。私たちも 同じです。一人の 力では 何も できないと 思うかも しれません。けれども みんなの 力を 集めれば 大きな 力に なります。毎日の 生活で なるべく 車に 乗らない、れいぼうを (　　　　)、電気を けす など すぐに できる ことも たくさん あります。

質問 ❶   (   )の 中に てきとうな 言葉を 入れなさい。

1 小さく する　　　　　　　2 弱く する

3 低く する　　　　　　　　4 下げる

質問 ❷   「雨が ひどく ふったり」の 「ひどく」と 同じ 意味の 「ひどい」 は どれですか。

1 アンさんは 生活に ひどく こまって いるそうです。

2 かれは 動物を いじめる ひどい 人です。

3 ふつうの 人の 生活は むかしより ひどく なって います。

4 やくそくを 忘れるなんて ひどいですよ。

質問 ❸   ちきゅうが あたたかく なると どう なると 言って いますか。

1 南の 小さな 島は 全部 なくなると 言って います。

2 ちきゅうが こわれて 人が 住めなく なると 言って います。

3 天気が かわったり 島が なくなったり するだろうと 言って います。

4 便利な 生活は できなく なると 言って います。

質問 ❹   ちきゅうが あたたかく なるのを どう やって 止めようと 言って いますか。

1 国や 会社に おねがいしようと 言って います。

2 世界中の 人に おねがいしようと 言って います。

3 社会を かえようと 言って います。

4 自分たちも 生活の しかたを かえようと 言って います。

Point
핵심

● 지구 온난화 현상을 주제로 한 글이다. 글쓴이가 생각하는 온난화 현상의 원인과 그 해결 방법이 무엇인지 파악하며 읽어 간다.

● 「車に 乗ったり 電気を 使ったり」는 「生活が 便利に なれば」를 보완 설명하는 수식구이다. 생활이 편리해지는 구체적인 예로서 '자동차를 타고 전기를 이용한다'를 들고 있는 것이다.

● 글의 마지막 단락에는 지구 온난화에 대한 글쓴이의 해결 방안이 제시되어 있다.

Words

□ **地球**ちきゅう 지구

□ **反対**はんたいに 반대로

02

　私の　そぼは　明治時代(1868〜1912年)に　生まれた。10さいから　ほかの　家で　働かされて　いたので、学校に　行かせて　もらえなかった。だから　長い　間、字を　読んだり　書いたり　できなかった。そぼが　字を　習い始めようと　思った　時、もう　70さいを　すぎて　いた。その　年に　なって　ひまな　時間が　持てるように　なったのだ。

　そぼは　まごに　教えて　もらいながら　ひとつひとつ　おぼえて　いった。年の　せいで　すぐには　おぼえられなかったが、毎日毎日　続けた。そして　時間は　かかったが　ひらがなを　全部　おぼえた。しかし、そぼは　字を　おぼえても　すぐに　忘れた。そのため　ひまさえ　あれば　紙に　字を　書いて　いた。それから　そぼは　カタカナ、漢字の　勉強も　つづけて　いった。

　ある　日　そぼは　「たまご」を　漢字で　書くと　「卵」と　「玉子」で　2つ　あるけれど、どちらが　正しいのかと　聞いて　きた。どんな　ことでも　分からない　ことは　すぐに　質問する　そぼを　すばらしい　人だと　思った。今でも　たまごを　見ると、勉強して　いた　そぼが　思い出される。そぼは　言葉では　何も　言わなかったが、いくつに　なっても　勉強する　ことは　大切だ、何さいでも　勉強できる、また　勉強の　きかいが　あるのは　いい　ことだと、教えて　くれたような　気が　する。

　けれども　私は　勉強が　好きな　子供では　なかった。漢字の　試験が　明日　あると　分かって　いても　あそんで　いて、半分ぐらいしか　できなかった。学校で　先生に　おこられたり　のこって　勉強させられたり　する　ことも　あった。しかし　50さいを　すぎた　今、私は　なぜか　まだ　勉強を　つづけて　いる。今は　勉強が　いやでは　ない。こんな　自分を　見て、そぼの　おかげかな、と　思う　ことが　ある。あの　ころ　そぼに　字を　教えて　いた　いとこたちは　みんな　学校の　先生に　なって　いる。いとこたちも　また、そぼから　プレゼントを　もらったのだと　思う。

質問 ❶ **どうして おばあさんは 字を 習い始めたのですか。**

1 まごが 字を 教えられる 年に なったからです。

2 まごに 字を 教えて やりたかったからです。

3 子供の ころ 習った 字を 忘れない ためです。

4 70さいに なって 時間が できたからです。

質問 ❷ **この 文章を 書いた 人は どんな 子供でしたか。**

1 おばあさんの おかげで よく 勉強する 子供でした。

2 勉強した 時は 試験が よく できました。

3 勉強が きらいで よく 先生に しかられて いました。

4 学校に のこって 勉強する ねっしんな 子供でした。

質問 ❸ **おばあさんは どんな 人でしたか。**

1 何でも 知って いて 分からない ことを すぐに 教えて くれる 人でした。

2 時間が あると いつも 勉強して いました。

3 ひらがな、カタカナは すぐ おぼえましたが、漢字は すぐ 忘れて しまいました。

4 子供の ころから 勉強が 好きで、勉強して 学校の 先生に なりました。

質問 ❹ **おばあさんは 何を プレゼントして くれたのでしょうか。**

1 勉強する ことが 大切だと 教えて くれた ことです。

2 勉強で いい 点を とる ことが 大切だと 教えて くれた ことです。

3 教える ことが できる ことが 大切だと 教えて くれた ことです。

4 先生の 仕事は 大切だと 教えて くれた ことです。

Point 핵심

● 「おこられる / 勉強させられる」와 같은 수동형과 사역수동형은 행위를 하는 주체와 그 작용을 받는 객체를 먼저 파악한 후 '~가 ~에게 ~을 했다'와 같이 능동으로 해석해야 매끄럽게 해석이 된다. 「勉強させられる」는 선생님이 「勉強させる(공부하게 하다)」라는 행위를 하고 글쓴이 자신은 그 작용을 받은 것인데, 이런 사역수동의은 누군가가 행위를 하게 하는 사람이 있고 말하는 사람이 그 작용을 받는 것이므로 '누군가가 시켜서 또는 분위기나 상황 때문에 어쩔 수 없이 해야 했다'는 인상이 강하다.

Words

☐ 孫まご 손자

☐ いとこ 사촌

☐ せい ~탓

03

自転車は 便利で 空気も よごれない。むかし 中国へ 行った時、自転車が 多いので おどろいたことが ある。しかし 自転車と いえば オランダを 忘れては いけない。オランダは 世界で いちばんの 自転

車国なのだ。国の 広さも 人口も 日本の 10%ぐらいしか ないが、1人が どれだけ 自転車を 持って いるかを 見ても 自転車用の 道の 長さを 考えても 世界一だ。国 全体が 自転車を 利用しやすいように できて いる ことが 大きい。電車は 自転車を 乗せられるように なって いる。また 駅も 自転車で 動けるように なって いる。それに 自転車で会社に かようと、お金が もらえるそうだ。

日本でも 自転車を 利用する 人は 多いけれど、いろいろな 問題が 生まれて いる。止めては いけない 駅の 前の 道に、自転車が いっぱい おかれて じゃまに なって いる。また 自転車の ための 道が ほとんど ないので 道を 歩いて いる 人に あぶないし じゃまにも なって いる。「自転車に もっと 乗ろう。」と 言う 声が あがって いるが、(　　　　) 利用する 人は ふえないだろう。

質問 ❶ 　　(　　　　　)の 中に てきとうな 言葉を 入れなさい。

　　　　1　それだけでは

　　　　2　それでも

　　　　3　そればかりは

　　　　4　それにしても

質問 ❷ 　　どうして オランダでは 自転車を 利用する 人が 多いのですか。

　　　　1　自転車は お金が かからないからです。

　　　　2　自転車を 利用しやすいように 国 全体が 作られて いるからです。

　　　　3　自転車用の 道が あるので どこにでも 何より 早く 行けるからです。

　　　　4　自転車の 方が ほかの 乗り物より 便利だからです。

質問 ❸ 　　日本の 問題は 何ですか。

　　　　1　自転車を 利用する 人が ふえない ことです。

　　　　2　自転車を 利用する 人が 多すぎる ことです。

　　　　3　自転車を 利用しても お金を もらえない ことです。

　　　　4　自転車の 利用が ほかの 人の じゃまに なって いる ことです。

質問 ❹ 　　この 文章の 内容と 合って いる ものは どれですか。

　　　　1　自転車を もっと 使った 方が いいと 言う 意見が あります。

　　　　2　オランダが 世界で いちばん 自転車が 多いです。

　　　　3　日本には 自転車の ための 道が ぜんぜん ありません。

　　　　4　日本は 自転車を へらせば 問題が なくなります。

Point 핵심

- 첫 번째 문장에 이 글의 핵심 내용이 들어 있다. 이 글을 쓰려는 의도와 주제를 짐작하게 한다.

- 네덜란드의 경우와 일본을 비교해서 설명하고 있다. 자전거를 많이 이용해야 하는 이유, 그러나 많이 이용할 수 없는 현 상황에 대한 의견 등을 파악하며 읽는다.

Words

- □ **オランダ** 네덜란드
- □ **何なにより** 무엇보다
- □ **世界一せかいいち** 세계 최고, 세계 제일

04

日本で 何か 買うと、品物が 必要（　①　）に 何度も つつまれて 出て きます。いちばん ひどいのが おみやげです。おみやげに おかしを 買ってきて 開けて みたら、中に 入って いた おかしは 本当に 少ししか なかったと いう ことが よく あります。りっぱに 見えるように する ことが 大切なので このような ことが 起きます。そして はこや つつむ 紙 などの ゴミが たくさん 出ます。

むかしは とうふが ほしければ 水も 入れられるような 物を 持って 行きました。買うのは とうふだけです。品物を つつんだと しても 紙 1まいで すみました。しかし 今は、きれいに 水と いっしょに パッキングして ある ものが ほとんどです。そのため 必要な 品物を 買う（　②　）たくさんの ゴミを 買って 帰る ことに なります。

私たちが 出す ゴミが ふえすぎて、すてる 場所が なくなって きました。そのため 少しでも ゴミを 少なく しようと、品物を つつむのを 止めよう、買い物には 入れ物を 持って 行こうと いう 声が あがって います。

質問 ①　　　(　　①　　)の 中に てきとうな 言葉を 入れなさい。

1　以下　　　　2　以上　　　　3　以内　　　　4　以外

質問 ②　　　(　　②　　)の 中に てきとうな 言葉を 入れなさい。

1　だけで なく

2　ほどで なく

3　しか なく

4　のでは なく

質問 ③　　　むかしと 今では 買い物の 時、どんな ことが ちがいますか。

1　むかしは はこを 使わなかったですが、今は たくさん 使います。

2　むかしは 会社の 帰りに 買い物する ことは できませんでしたが、今は できます。

3　むかしは 入れ物を 持って 行きましたが、今は 何も 持たない 人が 多いです。

4　むかしは ゴミに なる 物は 店に すてて きましたが、今は 家で すてます。

質問 ④　　　何が 書かれて いますか。

1　ゴミを 少なく する ために つつまれて いる 品物は 買わないようにと 書かれて います。

2　もう ゴミを すてる 場所が なくなったと 書かれて います。

3　毎日 ゴミを 買うのは いやだと 書かれて います。

4　おみやげが ほかの 品物と くらべて いちばん ゴミを 出すと 書かれて います。

● 맨 마지막 문장에는 의지형 표현 「～(よ)う」가 세 번 쓰였다. 「少なく しようと」의 「よう」는 '～하려고, ～하기 위해서'이고 「～止めよう / 行こう」의 「～(よ)う」는 「～하자」로 해석하여야 한다.

□ 入いれ物もの 넣을 것
□ とうふ 두부

「おばちゃん、A君が けんかしてるよ。」と 近所の 子供が よびに き た。急いで 行って みると、近くの 公園で むすこの Aが 友だちの B 君と なぐりあって いた。そこへ B君の お母さんも 来た。

「どうしましょう。」

「止めましょうか。」

「(　　　　) おきましょう。けんかも けいけんだから。」

「そうね。なぐられたら いたいって 分かるでしょう。」

「止めるまで 待って いましょう。」

でも 2人の けんかは なかなか 終わらなかった。

「まだ つづけるのかしら。」

「本当に…。」

道を とおる 人たちは みんな「けんかを 止めなくて いいの。」、 「けんかを 止めさせたら。」と いうような 顔を して 私たちを 見て いた。 そのうちに B君が Aの はなを なぐった ために 血が 出て きた。これ には 2人とも びっくりしたようだった。そして けんかは 終わった。つぎ の日 学校へ 行ったら、先生に「けんかは まけるが かち。」と 言われ て 2人とも おこられたと Aが 言って いた。

あの時 Aは 小学 2年だった。けんかを 止めた 方が よかったのか どうか 分からない。その 後、Aが あんな ひどい けんかを した こと は ない。

質問 ❶ ( )の 中に てきとうな 言葉を 入れなさい。

1 やって   2 やられて

3 やらせて   4 やらさせて

質問 ❷ けんかに ついて どんな 意見が ありますか。

1 二人の お母さんは けんかは もっと した 方が いいと いう 意見です。

2 先生は けんかを するのは だめだと いう 意見です。

3 けんかを 見た 人たちは けんかを 止めさせない 人の 方が 悪いと いう 意見です。

4 お母さんは けんかに かった 方が いいと いう 意見です。

質問 ❸ けんかが 終わったのは なぜですか。

1 お母さんが 止めたからです。

2 B君が けがを したからです。

3 なぐられて いたくて びっくりしたからです。

4 A君の はなから 血が 出たからです。

質問 ❹ どちらが けんかに かちましたか。

1 かった 人は いませんでした。

2 A君が かちました。

3 B君が かちました。

4 まけた 人が かちました。

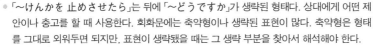

- 「~けんかを 止めさせたら」는 뒤에 「~どうですか」가 생략된 형태다. 상대에게 어떤 제안이나 충고를 할 때 사용한다. 회화문에는 축약형이나 생략된 표현이 많다. 축약형은 형태를 그대로 외워두면 되지만, 표현이 생략됐을 때는 그 생략 부분을 찾아서 해석해야 한다.

- 독해에 가장 중요한 것 중 하나는 지시어가 가리키는 것이 무엇인가를 파악하는 일이다. 밑에서 7번째 줄의 「これには」의 「これ」는 'B군이 A군의 코를 때려 피가 난 일'을 말한다. 따라서 피가 난 데 놀랐다는 말이 된다.

Words

□ 殴なぐる 때리다

□ けんか 싸움

06

　若い ころから 何度も 仕事を かえて きた。どの 仕事も やめたく なかったが、やめなければ ならなかった。考えて みると、子供を 生む 時には かならず 仕事を やめなければ ならなかった。働きながら 子供 を 生める 社会では なかったからだ。その ころにも、子供を 生む 人に は 休みを あげなければ ならないと いう 法律は あったが、やくに 立 たなかった。子供を 生む ために 会社を 休む ことが できなかったの だ。私だけで なく、多くの 女の 人が こうして 会社を やめて 行った。

　今、日本では 毎年 生まれる 子供が 少なく なって きて いる。子 供を 生む ために 会社を やめる 女の 人は 少なく、反対に 子供を 生 むのを やめて しまうのだ。そのため しょうらい (　　　　　)と 言って みんなが しんぱいして いる。

　子供を 生む ことで やめなければ ならない こと、できない こと が たくさん あれば、子供を 生む ことを 考えて しまう 人も 多く な る。法律だけで なく 社会を かえなければ 子供は けっして ふえない だろう。

質問 **1**　　　(　　　　　)の　中に　てきとうな　言葉を　入れなさい。

1　子供が　いなく　なった

2　働く　人が　少なく　なる

3　年を　とった　人が　多い

4　働いて　いる　人が　いなく　なる

質問 **2**　　　この　人は　なぜ　何度も　仕事を　かえたのですか。

1　子供を　生む　ためです。

2　働きながら　子供を　そだてる　ことは　できないと　思ったからです。

3　会社から　生んでは　いけないと　言われたからです。

4　いろいろな　仕事を　したかったからです。

質問 **3**　　　この　人が　若い　ころは　どんな　社会でしたか。

1　子供が　たくさん　いたので　生む　ための　休みが　とりにくかったです。

2　子供を　生む　人は　会社を　やめる　ことに　なって　いました。

3　子供を　生む　ための　休みは　会社には　ありませんでした。

4　子供を　生む　ために　会社を　やめる　人が　おおぜい　いました。

質問 **4**　　　これから　どうしたら　いいと　言って　いますか。

1　休みを　とりやすくする　など　社会を　かえなければ　ならないと　言って
います。

2　法律を　きびしく　しなければ　ならないと　言って　います。

3　子供は　社会で　そだてなければ　ならないと　言って　います。

4　子供が　へったら　社会が　かわらなければ　ならないと　言って　います。

Point 핵심

● 「子供を　生む　ことで」의 「で」는 이유나 원인을 설명하는 기능을 한다. '아이를 낳음으로
써 그만두어야 하는 일', '출산 때문에 할 수 없게 되는 일'로 해석해 보면 이해하기 쉽다.

● 맨 마지막 문장에 글쓴이가 말하고자 하는 결론이 나와 있다.

Words

□ **生**うむ 낳다, 출산하다

□ **法律**ほうりつ 법률

□ **おおぜい** 많이

　フランスでは　1週間に　働く　時間が　約　35時間だ。働く　時間が　短いと、のこる　時間に　テーブルや　いす　などを　作ったり、にわに　花や木を　うえたり、子供と　あそんだり　するなど、ひまな　時間を　使って生活を　楽しむ　ことが　できる。しかし　働く　時間が　短い　ことが、国のけいざいを　悪く　して　いると　言われ始めた。そして　とうとう、会社が働く　時間を　長く　する　ことが　できるように　なって　しまった。

　しかし、なかなか　長く　ならない。ゆっくりと　生活する　ことに　なれて、もう　いそがしい　生活は　できなく　なって　いる。①一度　手に　した生活を　すてる　ことは　できないのだ。フランスでは、つまも　働いて　いる　場合が　多い。ひとりでは　生活が　大変でも　ふたりなら　70時間　働くことに　なり、十分　生活できるのだ。若い　人は　もらう　お金が　少しぐらい　少なくても、働く　時間が　短い　方が　いいと　いう　意見の　人が　多いそうだ。

　日本では、1週間に　働く　時間が　約　40時間だ。1日に　1時間しかちがわないでは　ないかと　思うかも　しれない。しかし、40時間しか　働いて　いない　人は　本当に　少ない。日本では、残業(ざんぎょう)が　多いのだ。また残業代(ざんぎょうだい)が　なければ　生活が　できないと　いう　人も　多い。もっと　問題なのは　お金を　もらわない　残業(ざんぎょう)や　長い　時間の　残業(ざんぎょう)だ。働きすぎて　②体を　こわした　人の　働く　時間を　しらべて　みたら、おもてに　出ない　長い　残業時間(ざんぎょう)が　あったと　いう　ことも　ある。病気に　なるだけでなく　死んで　しまう　ことも　ある。

　会社に　くらべて　働く　人の　立場が　弱すぎる。まず　残業問題(ざんぎょう)からなんとか　しなければ　ならない。働く　人には　残業(ざんぎょう)しなくても　生活できる　十分な　お金が　はらわれるべきだし、もし　残業(ざんぎょう)したら、その　分の　お金も　かならず　はらわなければ　ならない。③このような　問題が　なくなって　本当に　ゆっくりと　生活できるように　なる　日が　早く　来ればいいのだが。

質問 ① ①「一度 手に した 生活」とは どんな 生活ですか。

1 休みの 日には にわに 花を うえる 生活です。

2 会社から 遠くに 住む 生活です。

3 しゅみで いそがしい 生活です。

4 ひまな 時間が たくさん ある 生活です。

質問 ② ②「体を こわした」とは どんな ことですか。

1 死んだと いう 意味です。

2 けがを したと いう 意味です。

3 病気に なったと いう 意味です。

4 体が 動かなく なったと いう 意味です。

質問 ③ 日本人の 残業に ついて 何と 書かれて いますか。

1 日本人は 一週間に 40時間 働かなければ なりません。

2 日本人は 残業も するので 十分に 生活する ことが できます。

3 残業を しない 人は いません。

4 長い 時間 働きすぎで 体を こわす 人が います。

質問 ④ ③「このような 問題」に 入らないのは どれですか。

1 残業（ざんぎょう）時間が 少なく なる ことです。

2 残業（ざんぎょう）しすぎて 体を こわす ことです。

3 残業（ざんぎょう）しないと 生活できない ことです。

4 残業代（ざんぎょうだい）が もらえない ことです。

● 프랑스인과 일본인의 일하는 시간에 대해 서술하고 있다. 일본의 경우는 문제점을 중심으로 이야기하고 있다.

● 「だけ / しか」등의 조사는 범위를 제한·한정한다. 뒤에 연결되는 문장은 각각 「だけ+긍정」, 「しか+부정」으로 다르지만, 어느 쪽도 이것이 제한하는 범위가 어디까지나를 잘 파악해야만 정확한 해석이 가능하다. 특히 「Aだけでなく(A뿐만 아니라)」와 같은 표현은 A 말고도 또 다른 무엇이 있다는 뜻이므로 앞 문장이 아닌 뒤의 문장에 핵심이나 주제어가 숨어 있을 수도 있다.

□ 手（て）にする 손에 넣다

□ 残業（ざんぎょう） 야근

□ 残業代（ざんぎょうだい） 야근 수당

□ 体（からだ）をこわす 몸을 망치다, 건강을 해치다

□ はらう 지불하다, 내다

08

　おかしや 子供の 服や かばん などに キャラクターが ついて いる ことが 多い。子供が キャラクターが 好きだからだ。味も ねだんも そんなに かわらなければ、大人も そちらを 買って あげる。

　(A) ところが、子供ばかりでなく 大人の、特に 女の 人に 人気が ある キャラクターも 多い。もう 大人だから キャラクターに きょうみが あるのは 変だと 思うかも しれないが、大人用の キャラクターも ある。キャラクターで 心が なぐさめられ、気持ちが よく なるそうだ。

　(B) そのため、まんがや まんが 以外でも 新しい キャラクターを 作ろうと する 人が おおぜい いる。そして いろいろ キャラクターが 生まれたが、人気が つづいた 物は 少ない。その 中で のこった 物は かわいらしい 物が 多い ようだ。

　(C) さいきんは 今まで キャラクターとは かんけいが なかった ような 製品にも キャラクターが ついて いる ことが ある。あまり 知られて いない 会社が 電気製品に キャラクターを つけて 売り出したら、キャラクターが かわいいと 人気が 出たり、キャラクターが 有名に なるに したがって 会社も 有名に なり、製品も よく 売れたり して いる。何にでも キャラクターを つける (　　　)が やって きたようだ。

　(D) キャラクターと 言えば、むかしから ディズニーは ずっと 人気が ある。しかし さいきんは まんがの キャラクター なども 人気が ある。まんがで 人気が 出れば、映画も ゲームも 作られる ことが ある。かんけいが ある 製品も 売り出される。また おかし などの 製品にも 使われる。キャラクターが お金を 生む ことに なる。

　キャラクターは これから、経済的な 意味でも 心の 問題でも 大切に なって いくだろう。

質問 ❶　　A・B・C・Dを　正しく　ならべなさい。

1　C → B → D → A

2　A → D → B → C

3　D → C → A → B

4　A → C → B → D

質問 ❷　　(　　　　　　)の　中に　てきとうな　言葉を　入れなさい。

1　時代　　　　　　2　時間　　　　　　3　ころ　　　　　　4　今

質問 ❸　　大人の　女の　人が　キャラクターが　好きな　理由は　何ですか。

1　キャラクターを　見ると　気持ちが　よく　なるからです。

2　体は　大人ですが　まだ　心が　子供だからです。

3　大人用の　キャラクターが　あるからです。

4　女の　人は　かわいらしい　物が　好きだからです。

質問 ❹　　キャラクターの　人気は　どう　かわって　きましたか。

1　ディズニーの　人気が　今は　ほかの　キャラクターに　うつりました。

2　今は　かわいらしく　ない　キャラクターは　ぜんぜん　人気が　ありません。

3　さいきんは　かわいらしい　ものが　人気が　あります。

4　大人が　子供より　キャラクターが　好きに　なって　いる。

● 3행의 「大人も　そちらを　買って　あげる」에서 「そちら」는 「キャラクターが　ついて　いる　物」를 가리킨다.

□ **なぐさめる** 위로하다

□ **製品**せいひん 제품

□ **売**うり**出**だ**す** 팔기 시작하다, 대대적으로 팔다

□ **経済的**けいざいてき 경제적

09

医者　どう しましたか。

北村　昨日の 夜から ねつが 出て、
（　ア　）。まだ 何も 話せないの
で 本当に こまりました。

医者　ねつは 今 何度 ありますか。

北村　38度です。

医者　ちょっと 高いですね。では 見ま
すから、前を 開けて。今度は 後
ろを むかせて。はい、いい 子だ
から 口を 開けて。ああ、のどが 赤いですね。これじゃ、いた
がって ないても （　イ　）。

北村　そうですか。

医者　かぜですね。薬を 3日分 出して おきますから 食事の 後に 飲
ませて ください。もし もっと ねつが （　ウ　）時間に かんけ
いなく 赤い 薬を 飲ませて ください。それでも ねつが 下がら
なかったら つれて 来て ください。

北村　はい、ありがとうございました。

質問 ❶　（ ア ）（ イ ）（ ウ ）には 何を 入れたら いいですか。

（ア）　1　ないてばかり いるんです　　2　ないてだけ いるんです
　　　　3　なく ことだけでした　　　　4　ないて こまって いました

（イ）　1　いいですよ　　　　　　　　2　大変ですね
　　　　3　しかたが ありませんよ　　　4　こまって しまいますよ

（ウ）　1　高く なる 前だったら　　　 2　高く なるそうだったら
　　　　3　高く なるらしかったら　　　 4　高く なるようでしたら

質問 ❷　会話から 分かる ことは 何ですか。

1　北村さんが 昨日の 夜から ねつが 高い ことです。
2　赤い 薬は いつ 飲んでも いいと いう ことです。
3　ねつが 高い 時は すぐに 病院に 来なければ ならないと いう ことです。
4　食事したら 子供に 薬を 飲ませると いう ことです。

- 병원에 아기를 데리고 온 엄마와 의사의 대화문이다. 대화 속에서 등장인물의 성격이나 신분 등을 알 수 있다. 예를 들면 「まだ 何も 話せないので」라든가 「いい 子だから」와 같은 말 속에서 환자가 아직 어린 아기라는 것을 알 수 있다.
- 이런 종류의 대화문은 환자의 상태, 의사의 처방과 주의사항·지시 사항 등에 유의하며 읽는다. 의사의 지시 사항이 들어 있으므로 「もし(만약)」와 같은 단어에는 특히 유의해야 한다. 만약의 상황에는 어떻게 하라는 지시 사항이 들어 있기 때문이다.

- □ **向むかせる** 향하게 하다
- □ **痛いたがる** 아파하다
- □ **つれてくる** 데려 오다
- □ **下さがる** 내려가다

10

店員　はい、日本レストランで ございます。

キム　もしもし、ちょっと （　ア　）。インターネットに お店の ページ を 印刷して 持って 行くと、10% 引いて くれると 書いて ありますが…。

店員　はい、そうです。

キム　それから 10人 以上は 10% 引いて くれるんですよね。

店員　ええ、お一人さま 3000円 以上の 場合は お引き いたします。

キム　それじゃ、飲みほうだい 3000円で 15人だったら どう なりますか。

店員　20% お引き いたします。でも 飲みほうだいは 時間が 2時間 以内ですが よろしいでしょうか。

キム　ええ、いいです。12日の 夜 7時半から 空いて いますか。

店員　12日 金曜日の 7時半から 15名さまですね。少々 （　イ　）。

・・・・・・・・

店員　お待たせいたしました。12日 夜 7時半から 9時半まで。飲み ほうだい 3000円で 15名さまですね。（　ウ　）。では お名前と ごれんらく先を おねがいいたします。

キム　キムです。電話ばんごうは 0424－22－××××です。

店員　キムさまですね。電話ばんごうは 0424－22－××××で ございますね。では 12日 7時半に （　エ　） おります。ありがとう ございました。

質問 ❶　　(ア)(イ)(ウ)(エ)には 何を 入れたら いいですか。

(ア)　1　お聞きしたいんですが　　　2　お聞きなんですが

　　　3　お聞きに なりたいんですが　4　お聞きに なるんですが

(イ)　1　お待って ください　　　　　2　お待ちください

　　　3　お待ちいただいて ください　4　待って いただいて ください

(ウ)　1　しょうちに なりました　　　2　しょうちできました

　　　3　しょうちいたしました　　　　4　しょうちで ございます

(エ)　1　お待ちで　　　　　　　　　　2　お待ちに なって

　　　3　お待ちに して　　　　　　　　4　お待ちいたして

質問 ❷　　キムさんは どのように 予約しましたか。

1　10人で 10% 割引きに して もらいました。

2　1人 2700円で 予約しました。

3　8時半まで 予約しました。

4　20% 割引きして もらいました。

Point
핵심

● 이 대화문은 레스토랑에 전화로 예약을 하는 내용이다. 예약을 주제로 한 대화의 경우는 '누가, 몇 명이, 언제, 무엇을 예약 하는가'에 신경 써야 한다. 예약 상황에 따른 제한 조건 등이 있을 수 있으므로 이것도 주의해서 읽는다. 예를 들어 이 글에서는 '음료 무한 제공 코스'는 2시간 이내라는 시간적 제한이 있다. 인원이나 기타 조건에 따른 할인 혜택 등에도 유의한다.

Words

☐ **印刷** いんさつ 인쇄, 출력

☐ **飲のみ放題** ほうだい 음료 무제한

☐ **連絡先** れんらくさき 연락처

友だちと 安くて おいしいと 有名な 店に 行った ことが ある。店の 前に 20メートルぐらい 人が ならんで いた。しばらく して 店の 人が 出て きて「今日は ここまで」と 書いて ある ものを 私たちの

10人ほど 後ろに おいた。「よかった。食べられない ところだった。」と 友だちが 言った。近くの 会社で 働いて いるらしい 人たちも おおぜい いた。みんな 待つのに なれて いるらしく、話を しながら 待って いた。これでは なかなか 入れないだろうと 思って いたが、20分ぐらいで 中に 入れた。料理は すぐに 出て きた。安くて おいしかった。でも ゆっくりと 食事を 楽しむ ことは できなかった。

ちょっぴり 高級な ランチタイムは 主婦たちに 人気だ。友だちと よく 行く レストランは (　　　　　) 主婦で いつも いっぱいだ。昼ご飯と いっても ５千円ぐらいは かかるから、サラリーマンが 食べるには 高すぎる。かれらは 毎日の ことだから コーヒーを 入れて 千円ぐらいしか 使えないだろう。主婦は たまに 行くのだから 少しぐらい 高くても かまわないと 考える。ネットで おいしそうな 店を えらんで いく。いい 店は こんで いて、予約しなければ 30分ぐらい 待たされるのが ふつうだ。主婦の 目は きびしいから 味だけで なく 店の いすや テーブル、花など 店の インテリアなども よく なければ ならない。つまり、ランチタイムに 主婦が たくさん 入る 店は、ちょっと 高いけれど、雰囲気も よくて 味も いいと いう ことに なる。

質問 ❶　(　　　　　)の 中に てきとうな 言葉を 入れなさい。

1　どこが　　　　　　　　　2　どこか

3　どこも　　　　　　　　　4　どこに

質問 ❷　「よかった。食べられない　ところだった。」と　友だちが　言っ
たのは　なぜですか。

1　おおぜいの　人が　ならんで　いたからです。

2　店の　人が「今日は　ここまで」と　言ったからです。

3　「今日は　ここまで」と　書かれた　物が　私たちの　前に　おかれたからです。

4　「今日は　ここまで」と　書かれた　物が　私たちの　後ろに　おかれたからです。

質問 ❸　なぜ　主婦は　昼ご飯に　５千円でも　かまわないと　考えて　い
ますか。

1　その　日　５千円　使う　ために　いつもは　安い　昼ご飯を　食べて　いるから
です。

2　たまに　外で　食事を　するのだから　高くても　いいと　考えるからです。

3　外での　食事は　高いのが　ふつうだからです。

4　ネットで　さがすと　安い　ところが　ないからです。

質問 ❹　ランチタイムに　ついて　何と　書かれて　いますか。

1　おいしい　ものを　食べる　ために　ならぶ　ことは　よく　ある　ことです。

2　人が　ならんで　いる　店は　おいしいですが　高いです。

3　昼ご飯が　５千円も　する　店の　客は　主婦しか　いません。

4　主婦が　行く　店は　高い　ところばかりです。

Point
● 첫 문장에서 「安くて おいしい」는 「有名だ」를 설명하는 부분이다. 음식 값이 싼 것으로 소문나고, 그러면서도 맛있다고도 소문이 나 있다는 뜻이다. 「て」 등을 이용한 중지법으로 두 개 이상의 용언(동사·い형용사·な형용사 등)이 나란히 놓여 하나의 명사나 용언을 수식하는 경우가 많다.

Words
□ 主婦しゅふ 주부

12

　私は 歩くのが （　　　　　）だ。特別な 場所を 歩くのではなく、どこか 行かなければ ならない 時に ひとつ 前の 駅で 降りたり、地図を 見て 途中で 寺や 神社、公園 などが あったら よって みたり する。ある 日 入った 小さな 寺の いけで 古代ハスが さいて いるのを 見つけた ことが ある。話には 聞いて いたが、その 寺に あるとは 思わなかった。前から 見たいと 思って いたので うれしかった。また、家に 帰ってから 歩いた 道を 思い出しながら えんぴつで 赤い 色を つけるのも 楽しい。私が 用事が ある ところは ほとんどが 東京の 中なので、東京の 地図ばかり 赤く なって いる。

　いちばん 遠くまで 歩いて 行ったのは 私が 22さいの 時だった。友だちと 鎌倉まで 歩く ことに なった。夜の 12時に 家を 出て、はじめは 簡単に 着けそうだと 思ったが、まちがいだった。鎌倉は 私の 家から 50キロ 以上も あったので だんだん 疲れて きて、75%ほど 歩いた ところで 休みたく なった。しかし、広い 道の よこなので 車が 多くて 空気が 悪かったのを おぼえて いる。

　道に すわって 休んだ 後、歩こうと したら 足が 動かなかった。ふつうに 歩けるように なるまで 何分も かかった。その 時、本当に つかれて いる 時は、すわっては だめだと 分かった。その 後は 立って 休む ことに した。鎌倉に 着く 前は すこし 坂道が ある。つかれていたので 坂道を 上るのは 大変だった。それでも がんばって 鎌倉まで 歩いた。12時間くらい かかり、着いた 時は お昼に なって いた。いい 思い出だ。

　これからも たくさん 歩いて たくさん 思い出を 作りたい。

質問 ❶ (   )の 中に てきとうな 言葉を 入れなさい。

1 しゅみ   2 きょうみ

3 あそび   4 ゆめ

質問 ❷ どのような 歩き方を して いましたか。

1 神社や 寺に 行く ために 歩きました。

2 特に どこに 行くか きめないで 歩きました。

3 有名な 場所へ 行く ために 歩きました。

4 有名な 物を さがす ために 歩きました。

質問 ❸ 鎌倉まで 歩いた 時の けいけんは どれですか。

1 半分 歩いたら もう つかれて 歩けなく なって きました。

2 車と 同じ 道を 歩いたので 空気も 悪いし あぶなかったです。

3 すわる ことも できないほど つかれたので 立って 休みました。

4 つかれても 歩きつづけたので お昼には 鎌倉へ 着きました。

質問 ❹ 歩く ことに ついて 何と 言って いますか。

1 地図に 赤い いろを つける ために 歩いて いました。

2 どこかへ 行く 時は いつも ひとつ 前の 駅で おりました。

3 これからも たくさん 歩いて 思い出を 作りたいと 思って います。

4 鎌倉 など 遠い ところへ 行く ことが 多かったです。

Point

• 문장을 분석할 때는 항상 주어와 술어를 먼저 빼내 기본 틀을 찾은 다음, 군데군데 삽입되어 있는 수식구나 절을 끼워 넣는 식으로 해석해 나가면 정확하게 문장을 파악할 수 있다. 예를 들어 4행의 「ある日 入った 小さな 寺の いけで 古代ハスが さいて いるのを 見つけた。」를 살펴보자. 이 문장의 기본 틀은 「ある日 入った 寺で 古代ハスを 見つけた (어느 날 들어갔던 절에서 고대 연꽃을 발견했다)」이다. 여기에 「ちいさな 寺」, 「古代ハスが さいて いる」 등의 수식어가 삽입되는 것이다. '어느날 들어갔던 / 작은 절의 연못에서 / 고대 연꽃이 피어있는 것을 / 발견했다'가 된다. 이렇게 기본 틀을 중심으로 단락단락 끊어 가며 읽으면 복잡하게 보이는 문장도 쉽게 읽힌다.

Words

□ **よる** 들르다, 경유하다

□ **古代**こだい**ハス** 고대 연꽃, 연꽃의 일종

□ **坂道**さかみち 비탈길

ロボットの 技術は どんどん 進んで きて います。立って 歩ける ロボットが 生まれたのは 1996年です。(　　　　)で 働いて いる ロボットも 多いですが、さいきんは 道を 案内したり、何かを せつめいしたり する ロボットも あります。変な 質問を しても、それに 合わせた 答えが かえって きます。歌ったり おどったり する ロボットも 見られるように なりました。料理を 作る ロボットも あります。

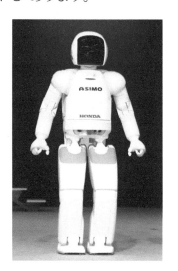

だんだん ロボットが 人に 近く なって きて いて、これが 本当に ロボットなのかと 思う ほど 人間に そっくりな ロボットも あります。これまで まんがや ＳＦ映画に 出て いた ロボットが 私たちの そばで 見られるように なって 来たのです。

しょうらいは、工場でも 家の 中でも、ロボットが 何でも して くれるように なって、人は 働かなくても すむかも しれません。

質問 ❶ (　　　　　)の 中に てきとうな 言葉を 入れなさい。

1 工場　　　　　　　　　　2 学校

3 事務所　　　　　　　　　4 家

質問 ❷ ロボットに ついて なんと 言って いますか。

1 工場 以外には ありません。

2 料理や 歌が できる ロボットも あります。

3 力が 強いので あぶないです。

4 私たちが 考えて いる ロボットは 現実には ありません。

質問 ❸ しょうらい ロボットと 人の かんけいは どう なるでしょうか。

1 ロボットが いないと 生活が できなく なって しまいます。

2 ロボットは 自分で 働くように なります。

3 ロボットが 働くので 工場や 家の 中に 人が いなく なります。

4 多くの 仕事を ロボットが して くれるように なるかも しれません。

Point

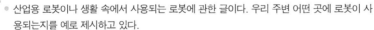

- 산업용 로봇이나 생활 속에서 사용되는 로봇에 관한 글이다. 우리 주변 어떤 곳에 로봇이 사용되는지를 예로 제시하고 있다.

- 「だんだん ロボットが 人に 近く なって〜」는 그 부연 설명이 앞 문장에 있다. 로봇이 사람에 가까워진 예를 먼저 제시하고, 결론을 뒷부분에 내놓고 있는 것이다. 이렇게 구체적인 예를 먼저 제시하고 단락의 마지막 부분에 종합적인 의견을 배치하는 경우가 많다.

Words

- **進**すすむ 나아가다, 전진하다.
- **ロボット** 로봇

14

わくわく沖縄 <ruby>沖縄<rt>おきなわ</rt></ruby> ２泊３日の旅

日曜日	月曜日	火曜日	水曜日	木曜日	金曜日	土曜日
1 ★	2 ★	3 ★	4 ★	5 ★	6 ★	7 ★
8 ◎	9 ◆	10 ◆	11 ×	12 ◎	13 ★	14 ★
15 ◎	16 ◆	17 ◆	18 ×	19 ◎	20 ★	21 ★
22 ◎	23 ◆	24 ◆	25 ×	26 ◆	27 ◎	28 ◎
29 ◆	30 ◆	31 ◆				

(3、4、5日は　国民の祝日)

★　56,000円
◎　42,000円
◆　32,000円
×　出発は　ありません。

・ 12さい 以下の 子供は 1万5千円 お安く なります。

・ せきを 使わない 2さい 以下の 子供は 無料です。使用
 の 場合は 12さい 以下の 料金と 同じに なります。

・ 1人分しか 金を はらわない 場合、別に 6000円 おしは
 らい おねがいします。

質問 ① 土・日と 国民の 祝日が 休みの 人が なるべく 会社を 休まないで 安く 行くには いつ 出発したら いいですか。

1 26日　　　　　　　　　　2 27日

3 29日　　　　　　　　　　4 26日か 29日

質問 ② 土・日と 国民の 祝日が 休みの 会社の 人が、会社を 休まないで 行く ことが できますか。

1 できません。

2 1日に 出発すれば できます。

3 3日に 出発すれば できます。

4 6日に 出発すれば できます。

質問 ③ せきを 使わない 2さいの 子供と 2人で 27日から 旅行する 時 全部で いくら はらいますか。

1 42,000円

2 48,000円

3 69,000円

4 84,000円

質問 ④ 12さいの 子供と 2人で 29日に 出発する 時は いくら かかりますか。

1 32000円

2 38000円

3 49000円

4 64000円

• 여행사의 상품 정보에 관련한 인쇄물을 보고 여행 일정과 상품을 결정하는 방법을 익힐 수 있는 지문이다.

• 여행 상품 설명서를 떠올리면서 읽으면 이해하기 쉽다. 예를 들면 「せきを 使わない」는 '좌석을 배정받지 않음', 「別に おしはらい おねがいします」는 '6천 엔의 별도 요금을 적용합니다'라는 뜻이다.

☐ **2泊3日** にはくみっか 2박3일

☐ **国民** こくみんの **祝日** しゅくじつ 국경일

スミス　ごめんください。

田中　（　ア　）でしょうか。

スミス　スミスです。

田中　スミスさん、遠い　ところを　よく　いらっしゃいました。さあ、
　　　　どうぞ、お上がり　ください。

スミス　はい、失礼します。

田中　こちらの　スリッパを（　イ　）ください。

スミス　はい、ありがとうございます。

田中　せまい　ところですが　こちらへ　どうぞ。

スミス　はい。おじゃまします。

田中　たたみの　部屋ですが　すわるの　だいじょうぶですか。

スミス　日本の　部屋は　はじめてですから　とても　きょうみが　あります。

田中　では　こちらに。足が　いたかったら　いすを　持って　きますが。

スミス　けっこうです。すわって（　ウ　）。

田中　スミスさん　コーヒーで　いいですか。
　　　　すぐ　お持ちしますから、少々　お待ち　ください。

スミス　あのう、コーヒーじゃ　なくて　日本の　お茶が　いいんですが。

田中　そうですか。

スミス　日本の　ことは（　エ　）けいけんしたいんです。

田中　日本茶は　はじめてなんですか。

スミス　そうなんです。

質問 ❶　　　(ア) (イ) (ウ) (エ)には　何を　入れたら　いいですか。

(ア)　1　どっちさま　　　　　　2　どれさま
　　　 3　何さま　　　　　　　　4　どちらさま

(イ)　1　着て　　　　　　　　　2　はいて
　　　 3　つけて　　　　　　　　4　ぬいで

(ウ)　1　みます　　　　　　　　2　います
　　　 3　おきます　　　　　　　4　あります

(エ)　1　何も　　　　　　　　　2　何か
　　　 3　何でも　　　　　　　　4　何だけ

質問 ❷　　　会話から　分かる　ことは　何ですか。

1　スミスさんは　日本の　お茶が　好きです。

2　スミスさんは　いすに　すわります。

3　スミスさんは　くつを　ぬぎました。

4　スミスさんは　たたみの　上に　すわった　ことが　あります。

Point
핵심

● 다른 사람의 집에 방문할 때 자주 쓰이는 기본 인사 표현은 통째로 외워두는 것이 좋다.
　남의 집에 갔을 때 주인을 부르는 경우「ごめんください」
　손님에게 집안으로 들어오라고 권할 때「どうぞ、お上がりください」
　남의 집 안으로 들어갈 때「おじゃまします」

Words

☐ **スリッパ** 슬리퍼

☐ **はく** 신다

MEMO

NEW
うきうき
우 키 우 키

일본어독해
초급

정답 및 해설

PART 1

정답	01 2	02 1	03 3	04 2	05 3	06 1	07 3	08 4	09 2	10 2
	11 4	12 3	13 3	14 4	15 1					

01

일본에서는 지나가는 사람들에게 흔히 티슈를 나눠줍니다. 큰 역 부근에는 티슈를 나눠주는 사람이 10명도 넘게 있어서, 사지 않아도 될 만큼 모입니다.

광고 전단지는 받기 싫지만 티슈라면 받겠다는 사람이 많아서, 티슈에 광고를 넣어 나눠주게 되었을 것입니다. 이런 이유로 젊은 사람에게만, 또는 젊은 여자나 남자에게만 티슈를 주는 경우도 있습니다.

질문 **티슈는 누구에게 줍니까?**

1 지나가는 사람에게는 누구에게나 줍니다.
2 역 근처를 지나가는 사람에게 줍니다.
3 티슈를 원하는 사람에게는 줍니다.
4 젊은 여자에게는 누구에게나 줍니다.

|해설|
❶ ～なくてもいい ～하지 않아도 좋다, ～하지 않아도 된다
❷ 동사 기본형+ことになる ～하게 되다. ～하기로 결정이 되었다
❸ ～しか …ない ～밖에 …하지 않는다
❹ だれにでも 누구에게나
　조사가 둘 이상 나란히 오는 경우는 묶어서 기억해 두면 편리하다. 예를 들어「～にでも」는 앞에 사람이 올 경우엔 '～에게라도', 장소가 올 경우엔 '～에라도'가 된다.「どこにでも 어디에라도(어디든)」와 같이 쓰기도 한다.
❺ ～によって ～에 따라서

02

옛날 일본 가옥은 여름에 시원하게 생활할 수 있도록, 남쪽과 북쪽에 창문을 만들어 바람이 잘 통하도록 되어 있었습니다. 그리고 더운 날에는 마당에 물을 뿌려 마당에서 시원한 바람이 들어오도록 했습니다. 또 다다미 아래에도 바람이 통하게 되어 있어서, 집 아래쪽에 고양이가 숨는 일도 있었습니다.

그렇지만 요즘은 에어컨이 있기 때문에 어디에 창문을 낼지는 그다지 신경 쓰지 않고, 다다미 방도 적어졌습니다. 바깥 온도와 집안의 온도가 맞지 않으면 병에 걸릴 수도 있습니다. 옛날처럼 창문을 열어서 바람을 통하게 하는 편이 몸에 좋지 않을까요?

일본의 가옥은 지금과 옛날이 어디가 다릅니까?

1 지금은 여름 생활을 고려해서 집을 짓는 사람이 적어졌습니다.
2 지금의 집은 창문이 남쪽과 북쪽에 없습니다.
3 지금은 집에 바람이 통하는 길이 전혀 없기 때문에 병에 걸립니다.
4 지금은 에어컨 때문에 항상 시원해서 몸에 좋습니다.

03

도쿄에도 옛날 일본다운 풍경이 남아 있습니다. 높은 빌딩이 들어서 있는 곳만 있는 게 아닙니다. 좁은 길에 단층의 오래된 집들이 늘어서 있는 곳도 있고, 일본식 정원도 많이 있습니다.

또 절이나 신사도 마을 안에 있고, 옛날 건물이 모여 있는 장소나 옛 건물을 관광지로 만든 곳도 있습니다. 일본의 거리를 여기저기 걷다 보면, 사람이 그다지 가지 않을 듯한 장소에도 이런 오래된 일본의 풍경이 남아 있어서, 놀라는 경우가 많습니다.

질문 **왜 놀란다고 말하고 있습니까?**

1 오래된 집이 들어서 있는 장소가 남아 있기 때문입니다.
2 사람이 살지 않는 곳에 일본적인 풍경이 남아 있기 때문입니다.
3 사람이 그다지 가지 않는 곳에도 일본다운 곳이 있기 때문입니다.
4 일본의 정원이나 절, 신사가 많이 남아 있기 때문입니다.

|해설| ❶ 「~らしい」는 '~스럽다, ~답다'의 뜻을 갖고 있다. 따라서 「日本らしい」는 '일본스럽다', 즉 '매우 일본적'이라는 뜻이다.

04

조깅을 시작해보고 싶은 분, 동호회에 참가해 보시지 않겠습니까? 즐겁게 조깅할 수 있는 분이라면 어떤 분이라도 OK입니다. 회비는 무료입니다.

매월 둘째 주와 넷째 주 일요일 오전에 조깅합니다. 1킬로미터를 6분 정도 천천히 달립니다. 초보자에겐 자세 등도 가르칩니다. 연습이 끝나면 함께 목욕이나 식사를 하러 갑시다. 회원은 평균 30세입니다. 조깅뿐 아니라 하프 마라톤이나 풀 마라톤도 달립시다.

흥미가 있으신 분은 연락해 주세요.

어떤 사람이 참가할 수 있습니까?

1 마라톤 경험이 있는 사람입니다.

2 조깅할 수 있는 사람이라면 누구라도 좋습니다.

3 목욕이나 식사를 좋아하는 사람입니다.

4 30세인 사람입니다.

05

새로운 곳으로 이사하면 먼저 이웃들에게 인사를 하러 갑니다. 타월이나 비누 같은 간단한 선물을 들고 가는 경우가 많습니다. 즐겁게 생활하기 위해서는 이웃 사람들과 사이좋게 지내는 것이 중요합니다. 인사를 해 두면 앞으로 곤란한 일이 생겼을 때 의논을 하거나 이런저런 이웃들의 사정을 알 수도 있고, 친구가 될지도 모릅니다.

인사하러 갈 때에 쓰레기 수거 장소나 무슨 요일에 어떤 쓰레기를 내놓는지도 물어 두는 게 좋습니다. 살고 있는 장소가 다르면 쓰레기 분류 방법도 다릅니다. 쓰레기는 금세 생기는 것이라 쓰레기 배출 방법 때문에 이웃과 싸우거나 주의를 받고 기분이 상하는 일도 있기 때문입니다.

질문 왜 인사를 하러 가는 게 좋습니까?

1 선물을 주지 않으면 사이가 좋아질 수 없기 때문입니다.

2 쓰레기를 잘못 분류해서 내놓아도 주의를 받지 않기 때문입니다.

3 처음에 인사를 해 두는 편이 사이좋게 지낼 수 있기 때문입니다.

4 쓰레기의 배출 방법에 대해 주의를 받았을 때 싸우는 일이 생기지 않기 때문입니다.

| 해설 |
① 「ちょっとした〜」는 대수롭지 않은 사소한 것을 가리키는 말로, 「ちょっとしたプレゼント」는 '그리 크지 않은 선물' 즉, '간단한 선물'이라는 뜻이다.
② あいさつにいく
「동사 ます형 / 동작성 명사+に」는 '〜하러(목적)'의 뜻으로 뒤에 오는 동사의 목적을 나타낸다. 뒤에는 주로 「行く / 来る / 帰る / もどる」 등의 이동을 나타내는 동사가 놓인다.
③ 〜かもしれません 〜일지도 모릅니다
④ 〜た方ほうがいい 〜하는 게 좋다
⑤ 동사 ます형+方かた 〜하는 (방)법
⑥ なかよくする 사이좋게 지내다
なかよし 사이가 좋음, 친한 친구

06

요즘 생활이 편리해지면서 움직이는 일이 매우 적어졌다. 어디를 가든 차나 전철을 타기 때문에 계단을 이용하는 일도 적어졌다. 그래서 평소 컨디션이 좋지 않은 사람이 늘어나기 시작했다. 병원에 갈 정도는 아니지만 기운이 없다는 사람들이 많다. 대부분의 사람들이 약해져 있는 것이다. 머지않아 정말로 병이 생기는 사람이 늘어날 것 같다.

질문 **최근 일본인의 몸은 어떻게 되었습니까?**

1 병은 아닌데 기운이 없다고 말하는 사람이 많아졌습니다.

2 몸이 약해져서 계단 등을 이용하지 않게 되었습니다.

3 병에 걸리는 사람이 늘기 시작했습니다.

4 몸 상태가 안 좋아서 병원은 사람들로 가득합니다.

|해설|

❶ い형용사 어간 + くなる   ~해지다(상태의 변화)
な형용사는 「어간+になる」

❷ 具合ぐあいが悪わるい 상태(상황·형편)가 나쁘다

❸ 病気びょうきになる 병이 나다, 병에 걸리다

❹ そのうち 그러다가, 그러는 동안
앞 문장 전체를 받아서 '병원에 갈 정도는 아니나 기운이 없고, 체력이 약해지고 있는데, 그런 상황이 계속 되는 사이'라는 뜻이다.

07

일본은 지진이 자주 일어납니다. 지진은 언제 올지 모르는 것이기 때문에, 일본에서는 지진이 왔을 때에 대비해서 물, 비상용 식품이나 옷, 약, 라디오, 플래시 등을 준비해 두는 집이 많습니다. 그것들을 가방 등에 넣어서 언제라도 들고 갈 수 있도록 침대 밑 같은 곳에 둡니다. 인터넷에서도 세트로 많이 팔리고 있고, 백화점에서도 팔고 있습니다. 또 시나 마을, 회사 등에서 무료로 나누어 주는 곳도 있습니다.

이제부터 일본에서 생활할 예정인 분은 준비해 두는 편이 좋을 것입니다.

질문 **어째서 지진에 대비해 이것저것 준비합니까?**

1 인터넷에서 많이 팔기 때문입니다.

2 물이나 비상용 식품이 먹고 싶기 때문입니다.

3 지진이 언제 올지 모르기 때문입니다.

4 세트 쪽이 싸기 때문입니다.

08

　　스마트폰의 시대가 왔다. 스마트폰은 전화의 기능만이 아니라 카메라, 비디오, MP3, 인터넷까지 쓸 수 있고, 영상 편집도 가능하다. 또 자신의 콘텐츠나 의견을 세상에 전달하거나 전세계 사람들과 같은 테마로 의견을 교환할 수도 있다. 새로운 글로벌 시대의 시작이다.

　　이런 커뮤니케이션 스타일의 급격한 변화가 사회에 어떤 영향을 줄 수 있을지 앞으로가 기대된다.

질문 ▶ **이 문장을 쓴 사람이 가장 말하고 싶은 것은 무엇입니까?**

1　휴대전화가 스마트폰으로 바뀌었습니다.
2　필요한 정보를 조사하기 위해서는 스마트폰이 없으면 안 됩니다.
3　스마트폰이 없으면 커뮤니케이션이 불가능합니다.
4　스마트폰으로 커뮤니케이션 방법이 변했습니다.

09

　　아이와 어른은 여러 가지로 사물이 다르게 보이는 모양입니다. 어른이 되고 나서 추억의 장소에 가 보면, 옛날에는 아주 넓다고 생각했던 곳이 사실은 좁았다거나, 높다고 여겼던 곳이 사실은 낮은 곳이기도 합니다. 아이 때는 키가 작아서 이런 상황이 생기는지도 모릅니다.

　　자전거에 태우면 언제나 소리를 지르며 좋아하던 아이가, 유모차에 태웠더니 전혀 웃지 않았다는 경우도 있습니다. 그래서인지 최근 높이가 높은 유모차가 보입니다. 유모차와 같은 높이에서 주위를 돌아보면, 아이의 기분을 알 수 있을지도 모르겠습니다.

질문 ▶ **이 문장을 쓴 사람이 가장 말하고 싶은 것은 무엇입니까?**

1　추억의 장소는 오랜 시간이 지나면 완전히 변해버립니다.
2　아이와 어른은 사물을 보는 방법이 다릅니다.
3　아이와 같은 것을 보기 위해 높이가 높은 유모차가 있습니다.
4　아이의 기분은 아이가 아니면 알 수 없습니다.

10

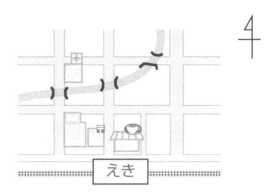

질문 **지도에서 알 수 있는 것은 무엇입니까?**

1 우체국은 찻집 옆에 있습니다.

2 역에서 병원까지는 다리를 건너야 갈 수 있습니다.

3 역에서 오른쪽으로 가서 두 번째 모퉁이를 돌아 곧장 가면 다리가 나옵니다.

4 동네의 북쪽에서 동쪽으로 하천이 흐르고 있습니다.

11

무라타 씨의 공장에서는 볼펜을 제작하고 있습니다. 2006년에 1,000개가 팔렸습니다. 그 다음해부터 매년 200개씩 증가해 왔습니다. 그러나 2010년은 전년과 동일한 수량만큼밖에 팔리지 않았습니다. 그 다음해에는 전년보다 200개 감소해 버렸습니다.

질문 **볼펜이 얼마만큼 팔렸는지를 나타내고 있는 그래프는 어느 것입니까?**

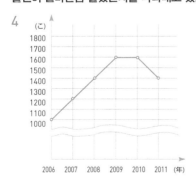

12

나무나 풀, 꽃이 병을 치유한다면 놀랄 겁니다. 의사로부터 암에 걸려 완치가 불가능하다고 선고를 받은 사람이, 숲이 있는 마을로 이사해서 매일 몇 시간이고 나무 옆에서 지내기 시작했더니, 어느새 암이 나았다는 사례도 있습니다. 병이 낫게 된 진짜 이유는 알 수 없지만, 꽃을 보는 것만으로 또는 꽃의 향기로 기분이 좋아진 경험은 누구에게나 있을 겁니다.

짜증나는 일이 계속되면 병이 나거나, 웃으면 병이 호전되기도 하는 것처럼 병과 마음 사이에 깊은 관계가 있는 것 같습니다.

질문 ▶ 이 문장에서는, 무엇에 대해 말하고 있습니까?

1 나쁜 병에 걸리면 숲에서 생활하는 게 좋다고 합니다.
2 암은 어떤 이유로 낫게 되는지 알 수 없는 병이라고 합니다.
3 병과 마음은 깊은 관계가 있다고 합니다.
4 모든 병의 원인은 마음에 있다고 합니다.

|해설|
❶ 「～たら」는 가정법 어미로 '～하면'의 의미로 사용되나, 이 외에도 'A했더니 B하다'와 같이 어떤 조건 A를 취하니 결과로 B라는 상황이 벌어졌다는 뜻을 나타내기도 한다.
❷ 「동사 기본형＋と」의 형태는 「～ば／～なら／～たら」 등과 함께 '～하면'의 뜻을 나타내는 가정법 표현 중 하나다.
❸ ガンになる 암에 걸리다／病気びょうきになる 병에 걸리다, 병이 나다

13

무수(無水)란 물이 없다는 뜻입니다. 따라서 '무수 화장실'은 물을 전혀 사용하지 않는 화장실입니다. 그러나 물 대신에 약품을 사용합니다.

큰 지진이 일어났을 때 가장 난처한 것이 화장실 문제라고 하는데, 이 물이 필요 없는 화장실이라면 그런 걱정은 없습니다. 또한 화장실 특유의 역한 냄새가 나지 않는, 기분 좋은 화장실입니다. 세계적으로 물이 부족하기 때문에 이런 화장실은 앞으로 많은 도움이 될 것입니다. 아쉬운 것은 아직 남성용밖에 없다는 사실입니다.

일본에서는 다양한 장소에서 이 화장실이 사용되고 있습니다.

질문 ▶ 이 화장실이 사용되는 이유는 무엇입니까?

1 물을 거의 사용하지 않는 화장실이기 때문입니다.
2 아무것도 쓰지 않는데도 냄새가 나지 않는 화장실이기 때문입니다.
3 물을 전혀 사용하지 않기 때문입니다.
4 물보다 약품이 더 싸기 때문입니다.

| 해설 | ❶ においがする 냄새가 나다.
동사「する」를 쓰는 데 주의한다.
音ぉとがする 소리가 나다 / 味ぁじがする 맛이 나다

❷ まったく～ない 전혀 ～하지 않다
「まったく」는 부정의 표현과 함께 쓰여「ぜんぜん」의 의미로도 사용하나, 「まったく、もう(어휴, 정말)」와 같은
형태로 어이가 없거나 질렸다는 느낌을 표현하기도 한다.

14

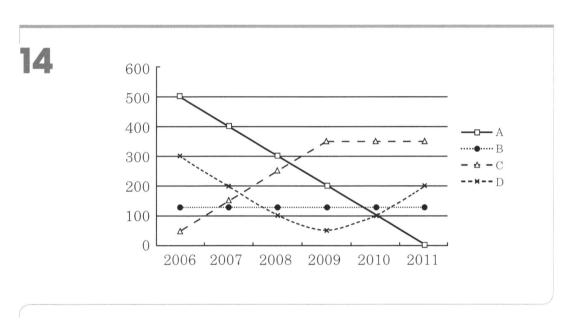

| 질문 | 그래프와 설명이 맞는 것은 어느 것입니까?

1 A는 2006년부터 계속 상승하고 있습니다.

2 B는 줄곧 높은 곳에서 변화가 없습니다.

3 C는 2009년까지는 증가했지만 그 이후에 감소하기 시작했습니다.

4 D는 2009년이 가장 바닥이었습니다.

| 해설 | ❶ 동사 ます형 +つづける 계속 ～하다, ～가 계속 진행되다

15

질문 **그림과 맞지 않는 설명은 무엇입니까?**

1 책상 위의 연필꽂이에 연필이 여러 자루 들어 있습니다.

2 책상 밑 쓰레기통에 쓰레기가 많이 들어 있습니다.

3 책상 위에 책이 여러 권 놓여 있습니다.

4 노트 사이에 볼펜이 있습니다.

PART 2

정답	01-1 1	01-2 3	02-1 2	02-2 4	03-1 4	03-2 4	04-1 1	04-2 3	05-1 3	05-2 1
	06-1 2	06-2 3	07-1 3	07-2 4	08-1 2	08-2 3	09-1 4	09-2 1	10-1 3	10-2 1
	11-1 3	11-2 4	12-1 2	12-2 3	13-1 3	13-2 1	14-1 1	14-2 2	15-1 2	15-2 4
	16-1 1	16-2 2	17-1 3	17-2 4	18-1 4	18-2 1	19-1 3	19-2 2	20-1 1	20-2 1

01

메이 씨, 한동안 만나지 못 했는데. 잘 지내고 있습니까? 대학원 공부는 어떤가요? 어렵겠죠? 하지만 저와는 달리 메이 씨는 성실하니까, 틀림없이 경제 공부를 열심히 하고 있으리라 생각합니다.

저는 귀국해서 자동차를 파는 회사에 근무했습니다. 지금은 제 사업을 시작하려고 움직이고 있습니다. 회사에 있을 때는 새 차를 팔았지만, 이번에는 중고차를 팔 생각입니다. 여기서는 중고차도 잘 팔리기 때문입니다. 그래서 저는 일본차를 수입하려고 합니다. 일본어 학교에서 배운 일본어가 도움이 됩니다. 또 일본인 친구도 도와주고 있습니다.

다음 달에 일 때문에 일본에 갈 예정입니다. 그때 혹시 시간이 된다면 일본어 학교에서 함께 지냈던 친구들을 만났으면 합니다. 아시겠지만 앨리 씨도 양 씨도 아직 대학을 다니고 있습니다. 대학에 진학하지 않고 돌아온 사람은 저뿐이니까요. 선생님도 뵙고 싶군요.

반창회를 하고 싶은데 메이 씨가 다른 사람들에게 연락을 해 주시지 않겠습니까? 제 메일은 xxx@xxxxxx입니다. 추우니까 감기에 걸리지 않도록 조심하십시오. 그럼, 메일 기다리고 있겠습니다.

– 로 –

質問 **①** **이 편지에서 가장 중요한 것은 무엇입니까?**

1 메이 씨에게 반창회의 연락을 부탁하는 일입니다.
2 메이 씨에게 일을 도와달라는 것입니다.
3 메이 씨에게 자신의 근황을 알리는 일입니다.
4 메이 씨의 최근 생활에 대해 아는 일입니다.

質問 **②** **로 씨는 지금 무엇을 하고 있습니까?**

1 귀국한 후 회사에서 일하고 있습니다.
2 자신의 회사에서 일하고 있습니다.
3 자신의 회사를 차릴 준비를 하고 있습니다.
4 지금 차를 수입하는 회사를 만들었습니다.

| 해설 | ❶ お＋동사 ます형＋する （내가）～하다, （남에게）～해 주다 〈겸양 표현〉
현재 한동안 만나지 못한 상태가 지속되고 있는 상황이므로「ている」의 상태 표현을 써서「お会ぁいしていません」
이라고 하였다.

❷ ～（よ）うと思ぉもいます ～할 생각입니다, ～하려고 생각합니다
1단동사는 어미「る」를 빼고「よう」를 접속하고, 5단동사는 어미「う」단을「お」단으로 고치고「う」를 붙인다.

❸ 동사 기본형＋つもりだ ～할 작정이다, ～할 생각이다

❹ ～ていただけませんか ～해 주실 수 없겠습니까 （완곡하고 정중한 부탁）
「～てもらう」의 공손한 표현이다.「～てもらう」는 상대에게 어떤 행위를 해 주기를 원한다는 뜻을 완곡하고 정중
하게 나타낸다.「もらう」는 '받는다'는 뜻의 수수동사인데, 사물이 아닌 동작이나 행위를 받을 때는「～てもらう」
의 형태로 사용한다. 상대로부터 어떤 행위의 작용을 받는다는 의미이지만, 단순히 행위나 동작의 작용을 받았다는
것 외에 그 작용에 호의를 느끼고 있음을 함께 나타낸다. 즉, '호의를 베풀어 받았다'는 뉘앙스를 담고 있는 것이다.

❺ 風邪かぜをひく 감기에 걸리다
조사「に」가 아니라「を」를 쓴다는 것에 주의한다.

02

메이 씨는 그저께 백화점에서 8,400엔짜리 스웨터를 샀습니다. 옅은 노란색의 예쁜 스웨터였습
니다. 색깔이 아주 예뻤습니다. 그런데 집에 돌아와 입어보니 약간 작고, 가족들이 뚱뚱해 보인다
고 해서 싫어졌습니다. 날씬해 보이도록 더 진한 색깔로 하기로 했습니다. 그래서 다음 날 백화점
에 들고 가서 바꾸기로 했습니다.

점원에게 물건을 보여주자 "영수증 가져오셨습니까?"하고 물었습니다. 영수증이 없어서 교환
할 수 없다고 했습니다. 집안 어딘가에 틀림없이 있을 테니 내일 다시 가져오겠다고 하고 영화를
보고 집으로 돌아왔습니다.

質問 ❶ **메이 씨는 왜 스웨터를 바꾸고 싶어 합니까?**

1 색깔은 좋은데 작았기 때문입니다.

2 색깔과 사이즈에 문제가 있었기 때문입니다.

3 사이즈는 괜찮은데 뚱뚱해 보이는 색깔이었기 때문입니다.

4 가족들이 큰 것이 낫다고 말했기 때문입니다.

質問 ❷ **스웨터를 산 다음 날 메이 씨는 무엇을 했습니까?**

1 백화점에 가서 스웨터를 바꾸었습니다.

2 영화를 보고 나서 백화점에 갔습니다.

3 영수증을 가지러 집으로 돌아갔습니다.

4 영화를 보기 전에 백화점에 갔습니다.

❶ ふとってみえる 뚱뚱해 보이다, 살쪄 보이다

     やせてみえる 말라 보이다

❷ 동사 기본형＋ことにする ～하기로 하다, ～하기로 정하다

03

일본인은 도시락을 좋아한다. 백화점의 식품 매장에는 반드시 도시락을 팔고 있고, 유명한 레스토랑의 도시락 같은 것은 그걸 사기 귀해 줄을 선다. 또 에키벤(역에서 파는 도시락)도 각지의 특산물을 사용한 유명한 에키벤이 많아서, 백화점 등에서 가끔 에키벤 페어를 열기도 한다.

가정에서는 어떨까? 아이들의 도시락에는 김이나 반찬 등을 사용해서 인기 만화의 캐릭터를 그려 보거나 하는 '캐릭터 도시락'이라는 게 있고, 소시지를 문어 모양으로 자르거나, 사과를 토끼 모양으로 만들거나 해서 정말 화려하다. 도시락은 부모의 애정의 척도이기도 하다. 또 '애처 도시락'도 있다. 사랑하는 남편을 위한 도시락이다. 도시락을 열면 하트 마크가 있거나, '좋아해' 라고 깨나 반찬으로 쓰거나 한다. 한번 인터넷으로 '일본의 도시락'을 검색해 보자. 새로운 일본을 볼 수 있을지도 모른다.

質問 ❶ **캐릭터 도시락은 어떤 도시락입니까?**

1 문어 모양의 소시지를 넣은 도시락입니다.

2 토끼 모양의 사과를 넣은 도시락입니다.

3 캐릭터 인형이 들어 있습니다.

4 김이나 반찬으로 캐릭터를 만든 도시락입니다.

質問 ❷ **이 문장의 내용과 맞는 것은 무엇입니까?**

1 에키벤은 역 바깥에서는 살 수 없습니다.

2 레스토랑의 도시락은 비싸도 줄이 생깁니다.

3 도시락에 하트 마크를 넣는 것은 어린아이 뿐입니다.

4 일본은 도시락을 좋아하는 사람이 많습니다.

04

옛날부터 '일찍 자는 아이가 잘 자란다'라고 해서 자는 것을 중요하게 여겼는데, 요즘 아이들은 잠을 잘 자지 않습니다. 어느 조사에서는 밤 10시 이전에 자지 않는 3세 아이가 52%나 되며, 20년 전의 2배 이상이라고 합니다.

자지 않는 원인으로는 어른이 아이들을 데리고 밤에 레스토랑에 가거나 늦게까지 텔레비전을 보는 것을 들 수 있습니다. 아이들이 밤 11시, 12시에 자고 아침에는 어른과 함께 일어나면 건강 상태가 나빠집니다. 밤에 자지 않는 아이는 낮에 자지 않을까 하고 생각할지 모르겠습니다만, 별로 자지 않는다고 합니다. 아주 어린 아기조차도 30분쯤 자고는 금세 일어나기를 몇 번씩 계속한다고 합니다.

이래서는 자는 동안에 몸이 자라거나 튼튼해질 수 없습니다. 뿐만 아니라 마음도 성장하지 않는 다고 합니다.

質問 **1** **어째서 밤에 일찍 자지 않는 아이들이 늘었습니까?**

1 어른과 같이 늦게까지 안 자기 때문입니다.
2 어른이 아이를 재우지 않기 때문입니다.
3 아침에 어른과 함께 일어나기 때문입니다.
4 낮에 너무 많이 자기 때문입니다.

質問 **2** **어째서 밤에 일찍 자지 않는 것이 문제가 됩니까?**

1 아침에 일어날 수 없기 때문입니다.
2 낮에 자다가 일어났다가를 반복하기 때문입니다.
3 마음이나 몸이 성장하지 못하기 때문입니다.
4 자지 않으면 병에 걸리기 때문입니다.

|해설| ❶ そうだ ~라고 한다 (전문)
　　　동사 · い형용사 · な형용사 기본형 또는 과거형 +そうだ
❷ ~することがある ~하는 경우가 있다
❸ 동사 ます형+すぎる 지나치게 ~하다

---

05 일본은 휴일이 일요일이면 다음날이 휴일이 된다. 예를 들면 5월 5일 어린이날이 일요일이라면 월요일도 쉬는 날이 된다. 게다가 해피 먼데이라는 것도 있다. 이것은 몇 개의 공휴일을 월요일로 해서, 토요일과 일요일을 합쳐 3일 연휴로 만들려고 하는 것이다. 예를 들면 1월 15일이 공휴일이 고 수요일이라면, 19일 월요일을 휴일로 한다.

이 해피 먼데이 덕분에 3일간 느긋이 쉴 수 있고, 지방에서는 연휴에 자신의 고향에 돌아가기 쉬 워졌다고 한다. 그러나 대학 등에서는 월요일 휴일이 많아져서 수업 시간이 부족해지는 문제가 있 다고 한다. 또 많이 쉬는 것은 좋지만, 예전부터 이어져 온 공휴일을 바꾸기 때문에 해피 먼데이는 공휴일의 의미를 무시한다고 말하는 사람도 적지 않다.

質問 **1** 해피 먼데이란 무엇입니까?

  1 3일간 쉬기 위해 공휴일의 날짜를 바꾼 것입니다.

  2 공휴일의 다음날을 휴일로 만든 것입니다.

  3 공휴일을 월요일로 바꾼 것입니다.

  4 일요일이 공휴일이라면 월요일도 쉬는 제도입니다.

質問 **2** 해피 먼데이의 문제는 뭐라고 말합니까?

  1 공휴일의 의미가 없어지는 것입니다.

  2 휴일이 너무 많아지는 것입니다.

  3 공휴일이 전부 해피 먼데이가 되지 않는 것입니다.

  4 고향에 돌아가려면 좀 더 휴일이 필요하다는 것입니다.

06

역은 원래 전철을 이용하는 곳이다. 그러나 그것뿐이 아니라서, 조금 쇼핑몰처럼 된 곳이 적지 않다. 원래 작은 역에서는 신문이나 음료 등을 팔았다. 그것이 큰 역에서는 유명 레스토랑이나 케이크 가게, 명품 판매점까지 수십 채가 들어서 있는 역도 있다.

역 안에 있는 가게는 전철을 타거나 내릴 때 이용할 수 있기 때문에 편리하다. 역 안에 있는 이발소는 10분 정도면 머리를 잘라 주는 데다 요금이 싸서 이용하는 사람이 많다. 전철 회사에서는 역의 빈 공간을 빌려주거나, 직접 가게를 열거나 한다. 커다란 역에서는 역을 이용하기 위해서가 아니라 쇼핑이나 다른 목적을 위해 오는 사람도 적지 않다.

質問 **1** 역내는 어떻게 되어 있습니까?

  1 작은 역의 가게는 이용하는 사람이 없습니다.

  2 큰 역에서는 명품 판매점 등도 들어서 있습니다.

  3 큰 역 안에는 쇼핑하고 있는 사람들뿐입니다.

  4 역 안의 가게는 바깥 가게보다 비쌉니다.

質問 **2** 이 문장의 내용과 맞는 것은 무엇입니까?

  1 역 안에 있는 가게는 전철에 타지 않는 사람은 이용할 수 없습니다.

  2 전철 회사는 역 안에 많은 가게를 직접 만들었습니다.

  3 전에는 없던 케이크 가게나 이발소 등도 있습니다.

  4 역에 있는 이발소는 줄이 길어서 불편합니다.

❶ ～(の)ために ～하기 위해, ～때문에
동사 기본형 · 과거형 + ために
い형용사 기본형 · 과거형 + ために
な형용사 어간+な + ために
명사+の + ために
❷ ～だけでなく ～뿐만 아니라 (＝ ～ばかりでなく)
❸ 自分じぶんたちで 자신들이 직접
일본어에는「自分」이라는 단어가 자주 등장한다. '자기 자신' 또는 '내 자신'이라는 뜻인데, 특히 스스로를「自分」
이라고 지칭하면 자신을 다소 객관화시키는 뉘앙스를 나타낸다.
❹ 10分ぷんぐらいで 10분 정도면
「～で」는 정도나 분량을 나타낸다.
全部ぜんぶでいくらですか。다 합쳐서 얼마입니까?
1時間じかんで行いけます。1시간이면 갈 수 있습니다.
一人ひとりでできますか。혼자서 할 수 있겠어요?
위 예문에서는 각각「全部 · 1時間 · 一人」라는 분량이나 정도를 가리킨다.

07   집 근처에 작은 길이 있다. 거리는 300미터 정도인데, 혹독한 겨울을 제외하고는 언제나 꽃이 가
득 피어 있다. 누가 꽃을 돌보는지 모르지만, 자신의 정원도 아닌데 고마운 일이라고 생각했다.

어느 날 아침 일찍 그 길을 지나려는데, 여든 정도 된 할머니가 꽃들 사이의 쓰레기를 줍고 있었
다. 나도 모르게 '안녕하세요. 항상 꽃을 돌보고 계신가요?'하고 말을 걸었다. 할머니는 매일 꽃을
돌보고 있다고 했다. 누구에게 부탁을 받은 것도 아닌데, (남모르게) 꽃을 키우고 계셨다.

나는 갑자기 감사의 말을 전하고 싶어졌다. '매일 돌봐 주시니 이렇게 아름다운 꽃이 많이 피
는 거로군요. 이 길을 지나는 것이 즐거워요. 매일 힘드시겠어요. 항상 감사드립니다.'라고 했더
니, 할머니는 부끄러운 듯이 웃으며 '힘들지 않아요. 내가 좋아서 하는 일이니까요.'하고 말씀하
셨다.

나는 언제나 남을 위해 일하던 우리 할머니가 생각났다.

質問 ❶   (   )안에 들어갈 적당한 말을 넣으세요.

1 남에게 알려져서   2 (잘못된 표현)

3 남모르게   4 남이 몰라서

質問 ❷   어째서 이 사람은 자신의 할머니 생각이 났습니까?

1 할머니와 얼굴이 닮았기 때문입니다.

2 할머니도 꽃을 돌보는 것을 좋아했기 때문입니다.

3 할머니가 일하는 것을 좋아하는 사람이었기 때문입니다.

4 할머니가 남을 생각하는 사람이었기 때문입니다.

❶ 近ちかくに 근처에
近くの店みせ 근처에 있는 가게
この近くにある 이 근처에 있다
近くへ行いきたい 가까운 곳으로 가고 싶다

❷ ～か 불확실한 것·불특정한 것을 가리켜 '～인지, ～인가'의미로 사용하는 조사
의문사와도 종종 함께 쓰인다.
いつか 언젠가 / どこか 어딘가 / 어디선가 だれか / 누군가 / 何なにか 뭔가

❸ 声こえをかける 말을 걸다, 이야기를 건네다

❹ お礼れいを言いう 감사의 인사를 하다

❺ はずかしそうに 부끄러운 듯이
「そうだ」 ～해 보인다, ～할 것 같다 (양태)
동사 ます형 / い형용사·な형용사 어간＋そうだ

❻ 楽たのしみでする 재미로 하다, 즐겁게 하다

---

08 아이를 외국으로 유학 보내는 사람도 있지만, 산골 마을로 유학 보내는 사람도 있습니다.

산골로 유학을 보내면 아이들은 두세 명씩 나뉘어 그 마을의 집에서 생활합니다. 아이는 그 집의 아이가 (되어) 새로운 생활을 시작합니다.

근처에 학교가 없기 때문에 7킬로미터나 걷는 것도 예삿일입니다. 작은 마을의 학교는 학생 수가 적어서 세 학급밖에 없는 경우도 있습니다. 예를 들면 1학년과 2학년, 3학년과 4학년, 5학년과 6학년이 같은 반이 되어 공부를 하기도 합니다. 학교의 학생들은 모두 친구입니다.

집에 돌아가면 아버지와 어머니를 돕습니다. 보고 듣는 것이 모두 처음 하는 경험입니다. 산골 마을에서 1년이나 2년 정도 생활하면 강한 아이가 된다고 합니다.

質問 ❶ ( )안에 적당한 말을 넣으세요.

1 하고 2 되어
3 태어나서 4 대신해서

質問 ❷ **산골 마을의 유학 생활은 어떻습니까?**

1 학교가 멀어서 모든 아이들이 7킬로미터나 걸어야 합니다.
2 마을의 학교는 모두 작기 때문에 학급이 3개밖에 없습니다.
3 여러 가지 경험을 하기 때문에 아이는 강해진다고 합니다.
4 마을에서의 생활은 엄격해서 즐겁지 않습니다.

09

계속 줄고 있던 일본의 바둑 인구가 최근 조금씩 늘기 시작한 듯합니다. 컴퓨터 바둑 게임이나 만화 『히카루의 바둑』 덕분에, 어린이 바둑대회가 곳곳에서 열리고 있습니다. 외국에서 온 사람이 일본에서 이기는 경우도 많습니다. 또 바둑 인구를 늘리기 위해 외국에서 바둑을 가르치고 있습니다.

(그 덕분에) 유럽에서도 바둑을 두는 사람이 늘고 있습니다. 특히 독일, 영국, 네덜란드, 프랑스, 러시아, 우크라이나 등지에서는 바둑이 인기여서 독일에 5만 명, 영국 4만 명, 네덜란드 3만 명, 프랑스에도 2만 명 이상의 팬이 있는 것으로 추정됩니다.

그러나 뭐니 뭐니 해도 아시아는 바둑이 가장 인기 있는 곳입니다. 중국, 한국, 대만 등에 팬들이 많고, 그 중에서도 한국은 지금 가장 바둑이 활성화된 나라입니다. 바둑을 좋아하는 사람이 900만 명, 어린이 바둑 학원도 1,000교실 이상 있습니다. 바둑을 하면 아이 머리가 좋아진다는 이유로 바둑을 가르치는 부모가 많다고 합니다. 2010년 아시아 대회에서는 단체, 복식, 남자, 여자 모두 한국이 금메달이었습니다.

質問 ❶ (   )안에 적당한 말을 넣으세요.

1 그러고 나서　　　　　　　2 그리고

3 그래도　　　　　　　　　4 그 덕분에

質問 ❷ 바둑이 가장 인기 있는 곳은 어디입니까?

1 한국　　　　　　　　　　2 중국

3 독일　　　　　　　　　　4 일본

|해설| ❶ 何なんと言いっても 뭐니 뭐니 해도

❷ ～と言いうことで ～라는 이유로, ～라는 뜻으로

10

　일본인이 좋아하는 숫자는 1, 3, 5, 7 등인데, 9는 좋아하지 않습니다. 9를 읽는 발음 중 하나가 'く'인데 괴롭다는 뜻의 'く(苦)'와 발음이 같기 때문입니다. 일본인은 같은 이유로 4도 싫어합니다. 4는 'し(死)'와 같은 발음이 날 때가 있기 때문입니다. 그래서 병원의 병실 번호에는 4를 붙이지 않습니다.

　그러나 중국인은 좋은 의미를 갖는 말과 발음이 같아서 9를 좋아한다고 합니다. 4는 중국어 발음에서도 마찬가지로 '死'와 비슷한 발음이어서 싫어한다고 합니다.

　국가에 따라서 13을 싫어하는 곳도 있습니다. 이것은 기독교에서의 최후의 만찬을 13명이 했다는 이야기에서 비롯되었습니다. 중국인이나 일본인이 발음을 이유로 싫어하는 것과는 다릅니다.

質問 ❶ '9'에 대해 뭐라고 말하고 있습니까?

1　'きゅう'라고 읽는 것은 괜찮지만, 'く'라고 읽는 것은 좋지 않습니다.

2　중국어로 9와 같은 발음의 단어는 좋지 않은 의미입니다.

3　일본인은 좋지 않은 단어와 같은 발음이기 때문에 싫어하는 것입니다.

4　'く'를 사용하면 좋지 않은 일이 일어나기 때문에 싫어합니다.

質問 ❷ 싫어하는 숫자에 대해 뭐라고 말하고 있습니까?

1　중국인과 일본인은 같은 이유로 4를 싫어합니다.

2　일본의 병원에서는 13을 사용하지 않습니다.

3　외국 사람은 모두 13을 싫어합니다.

4　싫어하는 숫자는 나라마다 모두 다릅니다.

| 해설 |　❶　だから　そうして〈인과관계〉

❷　～に …をつける　～에 …을 붙이다(달다)

❸　同ぉなので　같아서

「同じぉなだ」는 특수 활용을 하는 な형용사이다. な형용사는 뒤에 명사가 오면 어미 「だ」를 「な」로 고치고 명사를 접속하는데,「同じだ」는 예외적으로 뒤에 명사를 연결할 때 「おなじ＋명사」의 형태가 된다. 그러나 「～ので/～のに/～の」 등에 이어질 때는 「おなじな」가 된다.

11

　차는 커피와 마찬가지로 전 세계에서 즐겨 마십니다. 그러나 나라가 다르면 그 제조법이나 마시는 방법이 달라집니다. 차가 처음 탄생한 중국에서는 반쯤 발효시킨 '우롱차' 등을 마십니다.

　세계에서 가장 차를 많이 만드는 곳이 인도와 중국인데, 인도인이 자주 마시는 차는 완전히 발효시킨 '홍차'입니다. 홍차는 유럽이나 미국 등지에서도 즐겨 마십니다. 또한 홍차는 다른 차와 달라서 설탕이나 우유와 함께 마시는 경우도 흔합니다. 일본에서는 발효시키지 않은 일본차를 가장 많이 마십니다. 일본차는 아무것도 넣지 않고 마십니다.

이 세 가지 차는 같은 차나무로 만듭니다. 만드는 법이 다를 뿐입니다. 만드는 법이 다르면 맛과 안에 들어 있는 성분도 달라지지만, 어느 것이나 몸에는 좋습니다.

質問 ❶ 차의 차이점에 대해 뭐라고 적혀 있습니까?

1 차는 만드는 법이 달라도 들어있는 것은 같습니다.

2 맛이 다른 것은 차나무가 다르기 때문입니다.

3 만드는 법은 달라도 모두 몸에 좋습니다.

4 일본차는 그다지 발효시키지 않는 게 맛이 좋습니다.

質問 ❷ 이 문장을 쓴 사람이 가장 말하고 싶은 것은 무엇입니까?

1 마시는 차로 어느 나라 사람인지 알 수 있습니다.

2 인도인은 매일 홍차를 마십니다.

3 중국은 세계에서 세 번째로 차를 많이 만듭니다.

4 얼마만큼 발효시키는가에 따라 다른 차가 만들어집니다.

|해설| ❶ 「同おなじお茶ちゃの木きから作つくります」에서 「~から」는 재료를 뜻한다. 그러므로 해석은 '같은 차나무로 만든다'가 된다.

---

12 나는 신용카드를 싫어한다. 예전에 카드를 잃어버려서 몹시 난처했던 일이 있기 때문이다. 그렇지만 근처 슈퍼의 카드는 예외이다. 카드가 없으면 1년에 몇 번씩 있는 할인 혜택을 받을 수가 없다. 양복이나 구두, 밥그릇이나 냄비, 장난감 등 여러 가지 물건을 할인해 주기 때문에 이 카드는 꼭 필요하다. 또 그 밖에도 매일 아침 9시부터 10시까지 카드로 식료품을 사면 5% 할인도 받을 수 있다.

게다가 카드에는 포인트가 붙어 있다. 1,000엔짜리 물건을 사면 1포인트를 받을 수 있다. 매일 물건을 사기 때문에 포인트가 쌓인다. 그것을 모아서 상품과 바꾸는 것이다. 작은 상품에서 차나 여행권까지 있다. (그것도) 즐거움이다.

質問 ❶ (   )안에 적당한 말을 넣으세요.

1 게다가   2 그것도

3 그것과   4 그리고 나서

카드를 가지고 있는 가장 큰 이유는 무엇입니까?

1   돈이 없을 때에 편리하기 때문입니다.

2   포인트를 모으고 싶기 때문입니다.

3   할인을 받을 수 있기 때문입니다.

4   포인트 상품이 좋기 때문입니다.

| 해설 | ❶   ~がきらいだ ~을 싫어하다
앞에 '~을/를'에 해당하는 조사로 「を」가 아니라 「が」를 사용하는 단어들이 있다.
「きらいだ / すきだ / じょうずだ / へただ / わかる / ほしい / できる」 등

❷   ~たことがある ~한(했던) 적이 있다 〈경험〉

❸   うけられる 받을 수 있다
1단동사 「うける」의 가능동사. 5단동사의 가능동사는 「어미 う단→え단＋る」의 형태이고, 1단동사는 「어미 る를 빼고＋られる」이다.

13

　　일본만큼 자동판매기가 많은 나라는 없을 것이다. 일본이 안전한 나라기 때문이라고 한다. 자동판매기를 부수고 물건이나 돈을 훔쳐가는 일도 거의 없다. 전철표나 영화표를 파는 자동판매기는 편리하다고 생각한다. 과자나 먹을 것을 파는 자동판매기도 있어서, 물건을 전부 자동판매기로 판매하여 점원이 없는 가게까지 있다.

　　길을 걷다 보면 담배 자동판매기가 자주 보인다. 이것은 미성년자는 이용할 수 없게 되어 있지만, 어른의 눈을 피해서 사는 고등학생도 있다고 한다. 게다가 시골의 오래된 자동판매기에는 어린 아이라도 살 수 있는 물건이 남아 있다. 나는 자동판매기로 담배를 파는 것은 문제가 있다고 생각한다.

質問 ① **자동판매기가 문제가 되는 이유는 무엇입니까?**

1   여기저기에 너무 많은 것입니다.

2   안에 들어 있는 돈을 도둑이 훔쳐가 버리는 것입니다.

3   담배 자동판매기를 고등학생이 사용하거나 하는 것입니다.

4   점원의 할 일이 없어지는 것입니다.

質問 ② **이 문장을 쓴 사람이 가장 말하고 싶은 것은 무엇입니까?**

1   자동판매기는 편리하지만 무엇이든 파는 것은 문제입니다.

2   맥주나 담배 자동판매기를 아이들도 쓸 수 있어 편리합니다.

3   일본의 자동판매기는 아주 강해서 부서지지 않습니다.

4   사람을 선택할 수 있는 자동판매기가 필요합니다.

14   '식완(植玩)'을 알고 계십니까? 식완은 식물의 '식(植)'과 장난감을 의미하는 '완구(玩具)'를 합쳐서 만든 신조어입니다. 예를 들면 A사의 상품은 포장을 열고 물을 주면 4~10일 후 '고마워', '축하해', '정말 좋아해', 'I love you'등과 같은 말이 적힌 싹이 납니다. B사의 것은 달걀에 물을 주면 달걀이 갈라지면서 안에서 싹이 납니다. 적힌 글은 '고마워', '정말 좋아해' 등입니다. 두 상품 모두 800엔 이내의 가격으로 살 수 있어서 어린이뿐만 아니라 어른에게도 인기가 있다고 합니다.

質問 ❶ '식완(植玩)'이라는 것은 무엇입니까?

1   식물을 이용한 장난감을 말합니다.

2   식물로 단어를 만드는 장난감입니다.

3   아이들이 좋아하는 말을 적은 장난감입니다.

4   식물에 글자를 적은 것입니다.

質問 ❷ 어느 것이 B사의 상품입니까?

2

|해설| ❶ ～というのは ～라는 것은
　　　❷ 水みずをやる 물을 주다
　　　　　동물에게 먹이를 주거나 식물에게 물을 주는 경우는 「やる」를 쓴다.
　　　❸ ～ばかりでなく ～뿐만 아니라

15   홍원배 씨는 한국에서 온 37살의 남자입니다. 지금 '일본자동차'에서 일하고 있습니다. 회사는 신주쿠에 있습니다. 홍원배 씨는 아키쓰역 옆에 살고 있어서, 매일 세이부선으로 이케부쿠로까지 가서 야마노테선으로 갈아타고 회사에 다니고 있습니다. 아침저녁으로 야마노테선은 아주 혼잡해서 타기가 힘듭니다. 게다가 일본은 한국보다 교통비가 비쌉니다. 그래서 정기권을 사기로 했습니다.

정기권은 인터넷에서도 신청할 수 있지만, 발매기에서 받아야만 하고, 걱정스러워서 홍원배 씨는 오늘(9월 1일) 정기권을 사러 역에 갔습니다. 정기권은 기간을 길게 정해서 살수록 싸기 때문에 6개월분을 샀습니다.

質問 ❶ 올바른 신청서는 어느 것입니까?

2

質問 ❷ 이 문장의 내용과 맞는 것은 무엇입니까?

1 정기권은 3개월짜리를 사면 가장 쌉니다.

2 홍원배 씨는 학교에 가기 위해 정기권을 삽니다.

3 세이부선은 항상 붐빕니다.

4 홍원배 씨는 이케부쿠로를 지나서 신주쿠로 가야 합니다.

| 해설 |

❶ 働はたらいている 일하고 있다
「働はたらく」와 「務つとめる」는 같은 의미의 동사이다. 그러나 함께 쓰는 조사는 다르므로 주의한다.
~で働く / ~に勤める

❷ 住すむ 살다
동사 「住すむ」는 '~에 산다'라고 할 때 반드시 「~に住すんでいる」의 꼴로 사용한다.

❸ 込こむ 붐비다
「道みちが込こむ(길이 막히다)」, 「人ひとが込こむ(사람이 많아 복잡하다)」는 모두 동사 「込こむ」를 쓴다.

❹ 동사 기본형+ほど ~할수록
뒤에 주로 상태의 변화를 나타내는 표현이 온다.

16

인기 스포츠는 시대마다 다릅니다. 야구는 지금도 인기가 있지만 옛날만큼은 아닙니다. 또 탁구처럼 '탁구 일본'이라며 무척 인기가 있었는데 지금은 인기가 없어져버린 예도 있습니다. 마찬가지로 도쿄올림픽 시절에는 배구에 인기가 집중되었지만, 배구가 약해지면서 인기도 함께 시들해져버렸습니다.

<u>이것</u>은 어느 나라나 마찬가지일 거라고 생각합니다. 몽골에서는 지금 일본의 스모가 인기입니다. 스모에서 몽골인 요코즈나를 배출한데다, 그 요코즈나가 매우 강하기 때문입니다. 일본에서는 최근 축구나 골프로 인기가 몰리고 있습니다. 둘 다 세계 대회에서 우승을 하게 되어서인지도 모릅니다.

시대에 따라 조금씩 변하긴 해도 스포츠 자체의 인기는 변함없습니다. 초등학교 1학년 학생들의 장래희망 1위는 1999년부터 죽 스포츠 선수였습니다. 스포츠 선수 중에서는 탤런트만큼 인기가 있는 사람도 있습니다.

質問 ① 「이것」의 의미는 무엇입니까?

1 약한 스포츠는 인기가 없어지는 것을 말합니다.

2 스모에 인기가 집중되는 것입니다.

3 스포츠의 인기는 강하고 약한 것과는 관계가 없다는 것입니다.

4 배구의 인기가 없어지기 시작한 일입니다.

質問 ② 이 문장의 내용과 맞는 것은 무엇입니까?

1 세상에서는 언제나 강한 스포츠에만 인기가 몰립니다.

2 일본에서는 스포츠 선수가 되고 싶은 초등학생이 많습니다.

3 스모가 인기 있는 것은 몽골뿐입니다.

4 인기가 지속되는 스포츠는 없습니다.

| 해설 |

① ~によってちがう ~에 따라 다르다
人ひとによってちがう 사람마다 다르다 / 時ときと場合ばあいによってちがう 때와 경우에 따라 다르다

② ~とともに ~과 동시에, ~과 함께

③ 横綱よこづなを出だす 요코즈나를 배출하다

④ 人気にんきが集あつまる 인기를 얻다, 인기가 집중되다

17

　　나이 든 사람들을 되도록 밖으로 나오게 하기 위해 어느 시에서 미니 버스를 운행하기로 했습니다. 그 버스는 일반 버스가 다니지 않는 곳이나 좁은 길을 달립니다. 정차하는 곳도 많습니다. 게다가 한 사람 당 100엔입니다. 이것은 일반 버스의 절반 정도 가격입니다.

　　처음에는 시에서 많은 돈을 지원받지 않으면 버스를 운행할 수 없을 거라고 생각했습니다. 하지만 싸기 때문에 가까운 곳을 가는 데도 버스를 타는 사람이 많아졌습니다. 많은 사람이 버스를 이용하고 있습니다. 그래서 시는 돈을 지원하지 않아도 괜찮아졌습니다. 지금은 여러 마을과 시에서 이런 버스가 달리고 있습니다.

質問 **①** **시는 어떤 버스를 운행하기로 했습니까?**

1　나이 든 사람만을 태우기 위한 버스입니다.

2　시민만을 태우기 위한 버스입니다.

3　좁은 길도 다닐 수 있는 작은 버스입니다.

4　100엔으로 시내 전체를 다니는 버스입니다.

質問 **②** **이 버스에 대해 뭐라고 말하고 있습니까?**

1　버스 덕분에 나이든 사람들이 자주 바깥으로 나올 수 있게 되었습니다.

2　할아버지, 할머니를 위한 버스가 아닌 것이 되어 버렸습니다.

3　항상 붐비기 때문에 모두들 곤란을 겪고 있습니다.

4　생각했던 것보다 손님이 있어서 시로부터 지원을 받지 않습니다.

|해설| **❶** **〜と考かんがえられていました** 라고 생각했습니다
「考かんがえられる」는 자발(自發)의 기능을 하는데, 「れる / られる」는 수동・가능・자발・존경의 네 가지 기능을 갖는다. 여기서 자발의 기능은 의도적으로 그리 마음먹지 않아도 자연스럽게 그런 생각이나 마음이 들 때 사용한다. 대표적인 자발 동사는 「思おもわれる / 案あんじる」 등이 있다. 이들 모두 '(자연적으로 그런)생각이 들다, 걱정이 된다'는 뜻이다.

❷ **お金かねを出だす** 돈을 내다(지불하다)

❸ **〜なくてもすむ** 〜하지 않아도 된다

18

A　　설거지

1시간 1000엔

월~금　오후 5시~12시

토・일　오전 10시~오후 2시, 오후 5시~12시

B   점원
           1시간 1200엔
           월~금 오후 11시~오전 6시

C   점원
           1시간 1500엔
           월·수·금 오전 9시~오후 2시

D   접수(카운터)
           1일(9시~6시 점심시간 1시간) 7000엔
           토·일

質問 ❶ **일주일 아르바이트를 했을 경우, 알맞은 것은 무엇입니까?**

1   D의 일은 일하는 시간이 가장 짧습니다.

2   D의 일은 1시간에 받을 수 있는 돈이 B보다 적지만, A의 일보다 비쌉니다.

3   C와 D의 일을 하면 B의 일보다 돈을 많이 받을 수 있습니다.

4   3만 엔 이상 받을 수 있는 것은 A나 B의 일을 했을 때입니다.

質問 ❷ **어느 일이 가장 많은 돈을 받을 수 있습니까?**

1   A의 일을 했을 경우입니다.

2   B의 일을 했을 경우입니다.

3   B와 D의 일을 했을 경우입니다.

4   C와 D의 일을 했을 경우입니다.

|해설| ❶ 「1時間じかん 1000円えん」은 「時給じきゅう 1000円えん」이라고 말하기도 한다.

19

남쪽에서 태풍이 접근하고 있어 '후쿠오카', '고치'는 하루 종일 비가 내리겠습니다. '나고야'는 태풍의 영향으로 오전 중에는 흐리다가 차츰 비가 오겠습니다. '오사카'는 아침에는 맑겠으나 오후부터 비가 오겠습니다. '도쿄'와 '센다이'는 오전 중에는 맑다가 오후부터 비가 내리겠습니다. '니가타', '아키타'는 맑지만, 때때로 흐리겠습니다. '삿포로'는 하루 내내 맑은 날씨가 계속되겠습니다.

質問 ❶ 일기예보의 설명과 그림이 다른 곳은 어디입니까?

1 오사카
2 나고야
3 센다이
4 아키타

* 일기예보
• A｜B : A이지만 때때로 B입니다.
　　　　A이지만 한때 B입니다.
• A／B : 처음에는 A이지만 나중에 B가 됩니다.

質問 ❷ 오늘은 어떤 날씨가 될 것이라고 예보하고 있습니까?

1 태풍 때문에 일본 전국의 날씨가 좋지 않습니다.
2 남쪽으로 갈수록, 또 시간이 경과할수록 날씨가 나빠지는 곳이 많아집니다.
3 도쿄와 니가타의 경우는 도쿄 쪽이 날씨가 좋습니다.
4 오사카는 나고야만큼 비가 내리지 않습니다.

|해설|

❶ ～のうち　～의 상태를 유지하는 동안, ～(하는) 동안
夜よるが明あけないうちに　날이 밝기 전에 / あたたかいうち　따뜻한 동안, 식기 전 / 今日きょうのうち　오늘 안에

❷ 一日中いちにちじゅう　하루 내내, 온 종일
「一日」는 날짜를 세는 단위로 쓸 때「ついたち」로 읽고, '하루'라는 시간 단위를 나타낼 때는「いちにち」로 읽는다. 이렇게 때에 따라 읽는 법이 다른 숫자로「2日ふつか / 3日みっか」가 있다. 이것 역시「2、3日」로 쓸 때는「にさんにち」로 읽는다.

20

일본의 카레를 먹어 본 어느 미국인이 '이건 카레가 아니라 스튜야'하고 말했다. 인도의 카레는 물 같다. 그에 비해 일본의 카레는 걸쭉해서 확실히 스튜에 가깝다. 카레스튜라고 하면 가장 어울릴 것이다.

일본에서는 레스토랑이든 집이든 대부분 걸쭉한 카레다. 나는 처음 인도 카레를 먹었을 때 '이게 카레구나'하고 깜짝 놀랐다. 게다가 일본에서는 밥 위에 카레를 얹어 먹지만, 인도에서는 밥과 카레가 따로따로인 것이 일반적이다.

이 카레처럼 요리는 다른 나라에 전해지면 그 나라에 맞게 맛이나 먹는 방법이 변할 것이다.

質問 **①** **카레에 대해 어떤 내용이 적혀 있습니까?**

1 인도 카레는 일본 카레처럼 걸쭉하지 않습니다.

2 일본의 카레는 카레 스튜라고 합니다.

3 인도의 카레는 맛이 싱겁지만 일본의 카레는 진합니다.

4 일본에서는 인도 카레를 집에서 먹을 수 없습니다.

質問 **②** **이 문장을 쓴 사람이 가장 말하고 싶은 것은 무엇입니까?**

1 나라에 맞게 카레의 맛과 먹는 방법이 바뀌었습니다.

2 일본에서는 인도 카레를 팔지 않습니다.

3 일본인이 인도 카레를 먹어 보면 놀랍니다.

4 미국인은 일본 카레를 싫어합니다.

|해설| **❶** 〜じゃなくて 〜가 아니라

❷ 〜にくらべて 〜에 비해서. 두 가지 사실을 대조적으로 비교하는 경우에 쓴다.

PART 3

|정답| 01-1 2   01-2 1   01-3 3   01-4 4   02-1 4   02-2 3   02-3 2   02-4 1   03-1 1   03-2 2
03-3 4   03-4 1   04-1 2   04-2 1   04-3 3   04-4 4   05-1 3   05-2 2   05-3 4   05-4 1
06-1 2   06-2 1   06-3 4   06-4 1   07-1 4   07-2 3   07-3 4   07-4 1   08-1 2   08-2 1
08-3 1   08-4 3   09-1 (ア) 1   (イ) 3   (ウ) 4   09-2 4   10-1 (ア) 1   (イ) 2   (ウ) 3   (エ) 4
10-2 4   11-1 3   11-2 4   11-3 2   11-4 1   12-1 1   12-2 2   12-3 4   12-4 3   13-1 1
13-2 2   13-3 4   14-1 2   14-2 3   14-3 2   14-4 3   15-1 (ア) 4   (イ) 2   (ウ) 1   (エ) 3
15-2 3

01

　지구가 점점 따뜻해지고 있습니다. 그 때문에 바닷물이 불어 없어지려고 하는 섬이 있습니다. 그렇게 되면, 섬에 살고 있는 사람들의 생활은 어떻게 되는 걸까요? 다른 섬으로 이사하면 그만인 걸까요? 지금까지 오랫동안 그곳에서 살며 일을 했기 때문에 쉽게 옮길 수는 없습니다.

　지구가 따뜻해지는 원인은 전 세계 사람들의 생활 방식에 있습니다. 차를 타거나 전기를 사용하는 등, 생활이 편리해지면 편리해질수록 지구가 따뜻해져 버립니다. 우리가 원인을 만들고 있는 것입니다.

　섬의 주민을 위해서만이 아닙니다. 지구가 따뜻해지면 여러 가지 일들이 일어납니다. 최근 날씨가 이상해지고 있습니다. 지구의 여기저기에서 비가 심하게 내리기도 하고, 반대로 비가 전혀 오지 않기도 합니다. 머지않아 지구에 사람이 살 수 없게 되어 버릴지도 모릅니다.

　국가나 사회도 지구가 따뜻해지는 것을 막기 위해 여러 가지 일들을 하려고 합니다. 우리도 마찬가지입니다. 한 사람의 힘으로는 아무것도 할 수 없다고 생각할지 모릅니다. 그렇지만 모두의 힘을 합치면 큰 힘이 됩니다. 일상생활에서 가능하면 차를 타지 않고, 냉방을 (약하게 하고), 전기를 끄는 등 당장 할 수 있는 일도 많이 있습니다.

質問 ❶ (　　　　) 안에 적당한 말을 넣으세요.

1　작게 하고 　　　　　　　　　2　약하게 하고

3　낮게 하고 　　　　　　　　　4　내리고

質問 ❷ '비가 심하게 내리기도'의 '심하게(ひどく)'와 같은 뜻의 「ひどい」는 어느 것입니까?

1　안 씨는 생활에 몹시 곤란을 겪고 있다고 합니다.

2　그는 동물을 괴롭히는 몹쓸 사람입니다.

3　보통 사람의 생활은 옛날보다 나빠졌습니다.

4　약속을 잊어버리다니 너무하군요.

質問 ❸ **지구가 따뜻해지면 어떻게 된다고 말하고 있습니까?**

1 남쪽의 작은 섬은 모두 없어져 버린다고 합니다.
2 지구가 망가져 사람이 살 수 없게 된다고 합니다.
3 날씨가 바뀌거나 섬이 없어질 것이라고 합니다.
4 편리한 생활은 할 수 없게 된다고 합니다.

質問 ❹ **지구가 따뜻해지는 것을 어떻게 막자고 말하고 있습니까?**

1 국가나 사회에 호소하자고 말합니다.
2 전 세계 사람들에게 호소하자고 말합니다.
3 사회를 바꾸자고 말합니다.
4 우리 자신도 생활 방식을 바꾸자고 말합니다.

|해설| ❶ なくなってしまいそうな島しま 없어져 버릴 것 같은 섬
～てしまう ～해 버리다
동사 ます형 ＋そうだ （금방이라도） ～할 것 같다, ～해 보인다
❷ ～すれば～するほど ～하면 ～할수록
❸ れいぼうをつける 냉방(기)를 켜다
❹ 電気でんきをけす 전깃불을 끄다
'전깃불을 켜다'는 「電気でんきをつける」

---

02 나의 할머니는 메이지시대(1868~1912년)에 태어났다. 10살 때부터 남의 집에서 일을 했기 때문에 학교에 다니지 못했다. 그래서 오랜 세월 글자를 읽거나 쓸 줄 몰랐다. 할머니가 글자를 배워야겠다고 생각했을 때, 벌써 70살을 넘긴 나이였다. 그 연세가 되어서야 여유를 가질 수 있었던 것이다.

할머니는 손자에게 배우면서 하나하나 익혀나갔다. 나이 탓에 빨리 외워지는 못했지만, 매일 매일 계속했다. 그리고 시간은 걸렸지만 히라가나를 전부 외웠다. 하지만 할머니는 글씨를 외워도 금세 잊어버렸다. 그래서 틈만 나면 종이에 글자를 썼다. 그러고 나서 할머니는 가타카나, 한자의 공부까지 계속해 나갔다.

어느 날 할머니는 '달걀'이 한자로 '卵'와 '玉子' 두 개가 있는데, 어느 쪽이 맞느냐고 물었다. 무엇이든 모르는 것은 바로 질문하는 할머니를 대단한 사람이라고 생각했다. 지금도 달걀을 보면 공부하고 계시던 할머니가 생각난다. 할머니는 아무 말도 하지 않으셨지만, 몇 살이 되든 공부는 중요하다, 나이가 몇이든 공부할 수 있다, 또 공부의 기회가 있다는 것은 좋은 일이라고 가르쳐 주신 것 같다.

그렇지만 나는 공부를 좋아하는 아이는 아니었다. 한자 시험이 내일 있다는 걸 알면서도 놀다가 시험 문제를 절반 정도밖에 풀지 못했다. 학교에서 선생님께 야단을 맞거나 남아서 공부를 해야 하는 경우도 있었다. 그러나 50세를 넘긴 지금, 나는 어찌 된 일인지 아직 공부를 계속하고 있다. 지금은 공부가 싫지 않다. 이런 내 자신을 보며 할머니 덕분이구나, 하고 생각할 때가 있다. 그 무렵 할머니에게 글자를 가르치던 사촌들이 모두 학교 선생님이 되어 있다. 사촌들 또한 할머니에게서 선물을 받은 것이라고 생각한다.

質問 ❶ 왜 할머니는 글자를 배우기 시작했습니까?

1 손자가 글자를 가르칠 수 있는 나이가 되었기 때문입니다.

2 손자에게 글자를 가르쳐주고 싶었기 때문입니다.

3 어릴 적 배운 글자를 잊지 않기 위해서입니다.

4 70세가 되어서야 시간이 생겼기 때문입니다.

質問 ❷ 이 문장을 쓴 사람은 어떤 아이였습니까?

1 할머니 덕분에 공부를 잘하는 아이였습니다.

2 공부를 했을 때는 시험을 잘 봤습니다.

3 공부를 싫어해서 자주 선생님께 꾸중을 들었습니다.

4 학교에 남아서 공부하는 열의 있는 학생이었습니다.

質問 ❸ 할머니는 어떤 사람이었습니까?

1 뭐든 알고 있어서 모르는 것을 바로 가르쳐 주는 사람이었습니다.

2 시간이 나면 언제나 공부하고 있었습니다.

3 히라가나, 가타카나는 금세 배웠지만 한자는 금세 잊어버렸습니다.

4 어릴 적부터 공부를 좋아해서 학교 선생님이 되었습니다.

質問 ❹ 할머니는 무엇을 선물해 주었을까요?

1 공부하는 것이 중요하다고 가르쳐 준 것입니다.

2 공부로 좋은 점수를 따는 게 중요하다고 가르쳐 준 것입니다.

3 가르칠 수 있다는 게 중요하다고 가르쳐 준 것입니다.

4 선생이라는 일은 중요하다고 가르쳐 준 것입니다.

|해설| ❶ 働はたらかされる (어쩔 수 없이)일을 하게 되다
사역수동 표현은 '누군가 내게 어떤 행위를 하도록 만들었는데, 나는 마지못해 또는 어쩔 수 없이 시키는 데로 따랐다'는 느낌을 나타낸다. 따라서 '(어쩔 수 없이) ~해야만 한다'는 뜻이 된다.

❷ 「(さ)せてもらう」는 '~하(겠)다'의 완곡한 표현이다.
「行いかせてもらえなかった」는 '(학교에) 가도록 허락받지 못했다'는 뜻이므로 '(학교에) 갈 수 없었다'가 된다.

❸ 持もてるようになった 가질 수 있게 되었다
「가능동사+ようになる」 '~할 수 있게 되다'

03

자전거는 편리하고 공기도 오염시키지 않는다. 예전에 중국에 갔을 때 자전거가 많은 데에 놀란 적이 있다. 그러나 자전거하면 네덜란드를 잊어선 안 된다. 네덜란드는 세계 제일의 자전거 국가이다. 나라의 크기도 인구도 일본의 10% 정도밖에 되지 않지만, 한 사람이 얼마만큼 자전거를 가지고 있는지를 보더라도, 자전거 전용 도로의 길이를 생각해 봐도 세계 제일이다. 나라 전체가 자전거를 이용하기 쉽도록 되어 있다는 점이 크게 작용했다. 전철은 자전거를 실을 수 있게 되어 있다. 또한 전철역도 자전거로 이동할 수 있게 되어 있다. 게다가 자전거로 회사에 출퇴근하면 돈을 받을 수 있다고 한다.

일본에서도 자전거를 이용하는 사람은 많지만, 여러 가지 문제가 발생하고 있다. 세워서는 안되는 전철역 앞 도로에 자전거가 가득 세워져 있어 통행에 방해가 된다. 또 자전거 전용도로가 거의 없어서 보행자들이 위험하고 걷는데 불편을 준다. '자전거를 더 많이 타자'는 목소리가 높아지고 있지만, (그것만으로는) 이용하는 사람은 늘지 않을 것이다.

質問 ❶ (   )안에 적당한 말을 넣으세요.

1　그것만으로는　　　　　　　2　그래도

3　그것만은　　　　　　　　　4　그렇다 하더라도

質問 ❷ 왜 네덜란드에서는 자전거를 이용하는 사람이 많습니까?

1　자전거는 돈이 들지 않기 때문입니다.

2　나라 전체가 자전거를 이용하기 편하게 만들어져 있기 때문입니다.

3　자전거 전용 도로가 있어서 어디든 어떤 것보다 빨리 갈 수 있기 때문입니다.

4　자전거가 다른 교통수단보다 편리하기 때문입니다.

質問 ❸ 일본의 문제는 무엇입니까?

1　자전거를 이용하는 사람이 늘지 않는 것입니다.

2　자전거를 이용하는 사람이 너무 많은 것입니다.

3　자전거를 이용해도 돈을 받을 수 없는 것입니다.

4　자전거 이용이 다른 사람의 방해가 되고 있는 것입니다.

質問 ❹ 이 문장의 내용과 맞는 것은 무엇입니까?

1　자전거를 좀 더 사용하는 게 좋다는 의견이 있습니다.

2　네덜란드가 세계에서 가장 자전거가 많습니다.

3　일본에는 자전거를 위한 길이 전혀 없습니다.

4　일본은 자전거를 줄이면 문제가 없어집니다.

|해설| ❶ ～たことがある ～한 적이 있다 (경험)
「동사 기본형＋ことがある」는 '～하는 때(경우)가 있다'
❷ ～といえば ～라고 하면
❸ ～という声こえがあがる ～라는 목소리가 높다
어떤 사건이나 사실에 대한 의견이나 평가, 비판의 소리가 일고 있음을 말한다.

---

04 일본에서 뭔가를 사면 물건이 필요 (① 이상) 여러 겹 포장되어 나옵니다. 가장 심한 것은 지방의 기념품입니다. 선물로 과자를 사 와서 열어 보면 안에 들어 있는 과자는 정말 조금밖에 되지 않을 때가 종종 있습니다. 근사하게 보이도록 하는 것이 중요하기 때문에 이 같은 일이 일어납니다. 그리고 상자나 포장지 등의 쓰레기가 많이 나옵니다.

옛날에는 두부를 사고 싶으면 물도 넣을 수 있는 용기를 들고 갔습니다. 사는 것은 두부뿐입니다. 물건을 싼다고 해도 종이 한 장으로 끝납니다. 그러나 지금은 깨끗한 물과 함께 포장되어 있는 것이 대부분입니다. 그 때문에 필요한 물건을 살 (② 뿐만 아니라) 많은 쓰레기를 함께 사서 돌아오게 됩니다.

우리가 내놓는 쓰레기가 너무 많아져 버릴 장소가 없어지기 시작했습니다. 그 때문에 조금이라도 쓰레기를 줄이기 위해 물건 포장을 하지 말자, 물건을 살 때는 담을 것을 들고 가자는 목소리가 높아지고 있습니다.

質問 ❶ (①)안에 적당한 말을 넣으세요.
1 이하   2 이상
3 이내   4 이외

質問 ❷ (②)안에 적당한 말을 넣으세요.
1 뿐만 아니라   2 정도가 아니고
3 밖에 없고   4 것이 아니고

質問 ❸ 옛날과 요즘은 물건을 살 때, 어떤 점이 다릅니까?
1 옛날에는 상자를 쓰지 않았는데, 지금은 많이 씁니다.
2 옛날에는 퇴근하는 길에 물건을 살 수 없었는데, 지금은 가능합니다.
3 옛날에는 담을 것을 가지고 갔는데, 지금은 아무것도 가지고 가지 않는 사람이 많습니다.
4 옛날에는 쓰레기가 되는 것은 가게에 버리고 왔는데, 지금은 집에서 버립니다.

質問 ④ **어떤 내용이 적혀 있습니까?**

1 쓰레기를 줄이기 위해 포장된 상품은 사지 말자고 적혀 있습니다.
2 더 이상 쓰레기를 버릴 장소가 없어졌다고 적혀 있습니다.
3 매일 쓰레기를 사는 것은 싫다고 적혀 있습니다.
4 지역 특산품이 다른 상품과 비교해 가장 쓰레기가 많이 나온다고 적혀 있습니다.

|해설| ❶ ～がほしい ～을 갖고 싶다 / ～을 원한다.
❷ ～としても ～라(고) 하더라도

05

"아주머니, A군이 싸우고 있어요."하고 동네 아이가 나를 부르러 왔다. 급히 가보니 근처 공원에서 아들 A가 친구 B와 치고받으며 싸우고 있었다. 그곳에 B의 어머니도 왔다.

"어떻게 할까요?"

"말릴까요?"

"(하게) 내버려두죠. 싸움도 경험이니까."

"그렇겠네요. 맞으면 아프다는 걸 알겠죠."

"그만둘 때까지 기다립시다."

하지만 둘의 싸움은 좀처럼 끝나지 않았다.

"아직도 더 하려는 걸까요?"

"정말이지……."

길을 지나가던 사람들은 모두 '싸움을 말려야 하지 않아요?', '싸움을 말리는 게 어때요?'라고 말하는 듯한 표정으로 우리를 보고 있었다. 그러는 동안 B가 A의 코를 때려서 피가 났다. 여기에 두 아이 모두 놀란 모양이었다. 그리고 싸움은 끝났다. 다음 날 학교에 갔더니, 선생님이 '싸움은 지는 게 이기는 것'이라며 두 사람 모두 혼을 냈다고 A가 말했다.

그때 A는 초등학교 2학년이었다. 싸움을 말리는 게 옳았는지 어떤지는 모르겠다. 그 후 A가 그런 심한 싸움을 한 적은 없다.

質問 ① ( )안에 적당한 말을 넣으세요.

1 하고
2 당하고
3 하게
4 (잘못된 표현)

34

質問 ❷ 싸움에 대해 어떤 의견들이 있습니까?

1　둘의 어머니는 싸움은 더 하는 게 낫다는 의견입니다.

2　선생님은 싸움을 하는 것은 안 된다는 의견입니다.

3　싸움을 본 사람들은 싸움을 말리지 않는 사람이 나쁘다는 의견입니다.

4　어머니는 싸움에서 이기는 게 좋다는 의견입니다.

質問 ❸ 싸움이 끝난 것은 어째서입니까?

1　어머니가 말렸기 때문입니다.

2　B가 다쳤기 때문입니다.

3　맞고 아파서 놀랐기 때문입니다.

4　A의 코에서 피가 났기 때문입니다.

質問 ❹ 어느 쪽이 싸움에서 이겼습니까?

1　이긴 사람은 없었습니다.

2　A가 이겼습니다.

3　B가 이겼습니다.

4　진 사람이 이겼습니다.

해설
❶　殴なぐり合ぁう　서로 싸우다
「동사 ます형＋合ぁう」는 '서로 ～하다'라는 뜻으로 쓰인다.
話はなし合ぁう 서로 대화하다 / 支ささえ合ぁう 서로 의지가 되어 주다

❷　～って　～라고, ～라고 하는

❸　なかなか　뒤에 부정문이 올 때는 '좀처럼', 긍정문이 올 때는 '상당히, 꽤, 어지간히'의 뜻으로 쓰인다.

❹　～かしら　～일까, ～일지 몰라, ～인지 몰라 (의심이 섞인 추측)

❺　～かどうか分ゎからない　～인지 어떤지 모른다

06　젊은 시절부터 여러 번 일을 바꿨다. 어느 일도 다 그만두고 싶지 않았지만 그만둘 수밖에 없었다. 생각해 보니 아이를 낳을 때는 꼭 일을 그만두어야 했다. 일하면서 아이를 낳을 수 있는 회사가 아니었기 때문이다. 그 무렵에도 아이를 낳는 사람에게 휴가를 주어야 한다는 법률은 있었지만, 도움이 되지 못했다. 출산을 위해 회사를 쉴 수 없었던 것이다. 나뿐만 아니라 많은 여자들이 그렇게 회사를 그만두고 나갔다.

요즘 일본은 매년 태어나는 아이의 수가 줄고 있다. 출산을 위해 회사를 그만두는 여자는 적고, 반대로 출산을 포기해 버리는 것이다. 그래서 장래에 (일할 사람이 적어진다)며 모두가 걱정하고 있다.

출산으로 인해 그만두어야 하는 것, 할 수 없는 것이 많다면 아이를 낳는 것에 대해 고민하는 사람도 늘게 된다. 법률만이 아니라 사회를 바꾸지 않으면 아이는 결코 늘지 않을 것이다.

質問 ❶ (   )안에 적당한 말을 넣으세요.

1 아이가 없어졌다   2 일할 사람이 적어진다
3 나이 든 사람이 많다   4 일하는 사람이 없어진다

質問 ❷ 이 사람은 왜 몇 번씩 일을 바꾸었습니까?

1 아이를 낳기 위해서입니다.
2 일하면서 아이를 키울 수 없다고 생각했기 때문입니다.
3 회사로부터 아이를 낳으면 안 된다는 말을 들었기 때문입니다.
4 여러 가지 일을 하고 싶었기 때문입니다.

質問 ❸ 이 사람이 젊은 시절은 어떤 사회였습니까?

1 아이들이 많았기 때문에 출산을 위해 휴가를 얻기 힘들었습니다.
2 아이를 낳는 사람은 회사를 그만두게 되어 있었습니다.
3 아이를 낳기 위한 휴가는 회사에 없었습니다.
4 아이를 낳기 위해 회사를 그만두는 사람이 많았습니다.

質問 ❹ 앞으로 어떻게 하는 게 좋다고 말합니까?

1 휴가를 얻기 쉽게 하는 등 사회를 바꾸어야 한다고 말합니다.
2 법률을 엄격하게 해야 한다고 말합니다.
3 아이는 사회에서 키워야 한다고 말합니다.
4 아이의 수가 줄면 사회가 바뀌어야 한다고 말합니다.

| 해설 | ❶ ~だけでなく ~뿐만 아니라(고)
　　　❷ けっして ~ないだろう 결코 ~(하)지 않을 것이다
　　　「~だろう」는 「동사 기본형 · 과거형 / い형용사 기본형 · 과거형 / な형용사 어간 · 과거형」에 붙어 '~일(할)것이다, ~하겠지'의 뜻으로 쓴다.

07　　프랑스에서는 일주일에 일하는 시간이 약 35시간이다. 일하는 시간이 짧으면, 남는 시간에 테이블이나 의자 등을 만들거나, 정원에 꽃이나 나무를 심거나, 아이들과 놀아 주는 등, 한가한 시간을 사용해서 생활을 즐길 수 있다. 그러나 일하는 시간이 짧은 것이 국가 경제를 악화시킨다는 말이 나오기 시작했다. 그래서 결국은 일하는 시간을 늘릴 수 있게 바꾸어 버렸다.

하지만 좀처럼 길어지지 않는다. 느긋한 생활에 익숙해져 이제 바쁜 생활은 할 수 없게 되었다. ①한번 손에 넣은 생활을 못 버리는 것이다. 프랑스에서는 맞벌이를 하는 경우가 많다. 혼자서는 생활이 힘들지만, 둘이면 70시간 일하는 셈이 되어 충분히 생활을 할 수 있는 것이다. 젊은 사람들은 받는 돈이 조금 적어도 일하는 시간이 짧은 게 좋다는 의견을 가진 사람이 많다.

일본은 일주일에 일하는 시간이 약 40시간이다. 프랑스와 비교해 하루에 1시간밖에 차이가 없지 않느냐고 생각할지 모른다. 그러나 40시간만 일하는 사람은 정말 적다. 일본에서는 야근이 많다. 또 야근 수당이 없으면 생활이 안 되는 사람도 많다. 더 문제인 것은 돈을 못 받는 야근이나 장시간의 야근이다. 과로로 ②건강을 해친 사람의 근무 시간을 조사해 봤더니, 표면에 드러나지 않는 장시간의 야근이 그 속에 포함되어 있었던 경우도 있다. 병이 날 뿐만 아니라 사망하는 경우도 있다.

회사에 비해 일하는 사람이 입장이 너무나 약하다. 우선 야근 문제부터 어떻게든 해결해야 한다. 일하는 사람에게는 야근하지 않아도 생활할 수 있는 충분한 돈이 지급되어야 하고, 만약 야근을 한다면 그 만큼의 수당도 반드시 지급되어야 한다. ③이런 문제가 없어져 정말 여유 있는 생활을 할 수 있게 되는 날이 빨리 오면 좋겠지만 말이다.

質問 ❶ ①'한번 손에 넣은 생활'이란 어떤 생활입니까?

1 쉬는 날에는 정원에 꽃을 심는 생활입니다.
2 회사에서 먼 곳에 사는 생활입니다.
3 취미로 바쁜 생활입니다.
4 여가 시간이 많은 생활입니다.

質問 ❷ ②'건강을 해쳤다'는 것은 어떤 뜻입니까?

1 죽었다는 뜻입니다.
2 다쳤다는 뜻입니다.
3 병이 났다는 뜻입니다.
4 몸이 움직이지 않게 되었다는 뜻입니다.

質問 ❸ 일본인의 잔업에 대해 뭐라고 적혀 있습니까?

1 일본인은 일주일에 40시간 일하지 않으면 안 됩니다.
2 일본인은 잔업을 하기 때문에 충분히 생활할 수 있습니다.
3 잔업하지 않는 사람은 없습니다.
4 장시간 일을 너무 해서 건강을 해치는 사람이 있습니다.

質問 ❹ ③'이러한 문제'에 들어가지 않는 것은 어느 것입니까?

1 야근 시간이 적어지는 것입니다.
2 야근을 너무 많이 해서 몸이 상하는 것입니다.
3 야근을 하지 않으면 생활할 수 없는 것입니다.
4 야근수당을 받을 수 없는 것입니다.

08

과자나 아이들의 옷, 가방 등에 캐릭터가 붙어 있는 경우가 많다. 아이들이 캐릭터를 좋아하기 때문이다. 맛이나 값도 그다지 차이가 없다면 어른들도 그것을 사준다.

(A) 그런데 아이들뿐만 아니라 어른, 특히 성인 여성에게 인기가 있는 캐릭터도 많다. 어른이 캐릭터에 흥미를 갖는 건 이상하다고 생각할지도 모르지만, 성인용 캐릭터도 있다. 캐릭터로 마음의 위안을 얻어 기분이 좋아진다고 한다.

(B) 그래서 만화나 만화 이외에도 새로운 캐릭터를 만들려는 사람이 많다. 그리고 여러 가지 캐릭터가 탄생했지만, 인기가 지속된 것은 적다. 그 중에서 살아남은 것은 귀여운 캐릭터가 많다고 한다.

(C) 최근에는 지금까지 캐릭터와 관계가 없을 것 같던 제품에도 캐릭터가 붙어 있는 경우가 있다. 별로 알려지지 않은 회사가 전자제품에 캐릭터를 붙여서 판매했더니 캐릭터가 귀엽다며 인기를 끌었다거나, 캐릭터가 유명해짐에 따라 회사도 유명해져서 제품도 잘 팔리거나한다. 무엇에든 캐릭터를 붙이는 (시대)가 온 것 같다.

(D) 캐릭터라고 하면 옛날부터 디즈니 캐릭터가 줄곧 인기가 있었다. 하지만 최근에는 만화 캐릭터도 인기가 있다. 만화가 인기 있게 되면 영화나 게임으로도 만들어질 수도 있다. 동시에 캐릭터와 관계가 있는 여러 가지 제품도 팔려나간다. 또, 과자 등의 제품에도 사용된다. 캐릭터가 돈을 낳는 셈이다.

캐릭터는 앞으로 경제적인 의미에서나 마음의 문제에도 중요해질 것이다.

質問 ❶ A · B · C · D를 바르게 나열하세요.

1 C→B→D→A

2 A→D→B→C

3 D→C→A→B

4 A→C→B→D

質問 ❷ (   )안에 적당한 말을 넣으세요.

1 시대

2 시간

3 무렵

4 지금

성인 여자가 캐릭터를 좋아하는 이유는 무엇입니까?

1 캐릭터를 보면 기분이 좋아지기 때문입니다.

2 몸은 어른이지만 아직 마음이 아이이기 때문입니다.

3 성인용 캐릭터가 있기 때문입니다.

4 여자는 귀여운 물건을 좋아하기 때문입니다.

캐릭터의 인기는 어떻게 변하기 시작했습니까?

1 디즈니의 인기가 지금은 다른 캐릭터로 옮겨갔습니다.

2 요즘은 귀엽지 않은 캐릭터는 전혀 인기가 없습니다.

3 요즘은 귀여운 것이 인기가 있습니다.

4 어른이 아이의 캐릭터를 좋아하게 되었습니다.

|해설| ❶ ～についている ～에 붙어 있다

❷ 人気にんきがある/ない 인기가 있다/없다

❸ 興味きょうみがある/ない 관심(흥미)가 있다/없다

❹ ～たところ ～했더니, ～했던 바

❺ ～にしたがって ～함에 따라서

09

의사 어떻게 오셨습니까?

기타무라 어젯밤부터 열이 나고, (ア 울기만 합니다). 아직 말을 못하기 때문에 정말 어떻게 해야 할지 모르겠어요.

의사 열은 지금 몇 도나 되죠?

기타무라 38도예요.

의사 약간 높네요. 그럼 진찰을 할 테니 윗옷을 올리세요. 이번에는 뒤로 돌아 서세요. 자, 착한 아이니까 입 벌리세요. 아, 목이 빨갛군요. 이런 상태면 아파서 울 (イ 수밖에 없네요).

기타무라 그래요?

의사 감기로군요. 약을 3일분 처방해 드릴 테니 식사 후에 먹이십시오. 만약 열이 더 (ウ 오르는 것 같으면) 시간에 상관없이 빨간 약을 먹이십시오. 그래도 열이 내리지 않으면 데리고 오세요.

기타무라 네, 고맙습니다.

(ア) (イ) (ウ)에는 어떤 말을 넣으면 좋을까요?

(ア) 1 울기만 합니다   2 (잘못된 표현)
    3 우는 일 뿐이었습니다   4 울어서 난감했습니다

(イ) 1 좋습니다   2 힘들겠군요
    3 하는 수 없습니다   4 곤란해져 버립니다

(ウ) 1 오르기 전이었다면   2 오른다고 하면
    3 오르는 듯하면   4 오르는 것 같으면

質問 ② 대화에서 알 수 있는 것은 무엇입니까?

1 기타무라 씨가 어젯밤부터 열이 높다는 것입니다.
2 빨간 약은 아무 때나 먹어도 된다는 것입니다.
3 열이 높을 때는 바로 병원에 와야 한다는 것입니다.
4 식사 후에 약을 먹어야 한다는 것입니다.

|해설| ❶ 後ぅしろをむかせる 뒤를 향하게 하다, 뒤로 돌리다
       ❷ ～てもしかたがない ～해도 어쩔 수가 없다, ～할만도 하다

10

점원   네, 일본레스토랑입니다.

김   여보세요, 뭐 좀 (ア 여쭤보겠습니다). 인터넷에 가게의 홈페이지를 인쇄해서 가지
      고 가면 10% 할인해 준다고 적혀 있던데요….

점원   네, 그렇습니다.

김   그리고 10명 이상은 10% 할인을 받을 수 있죠?

점원   네, 1인당 3,000엔 이상일 경우는 할인해 드립니다.

김   그럼, 음료 무제한 3,000엔짜리 코스로 15명이면 어떻게 됩니까?

점원   20% 할인을 해 드립니다. 하지만 음료 무제한은 시간이 2시간 이내입니다만, 괜찮
      으시겠습니까?

김   네, 괜찮습니다. 12일 밤 7시 반부터 자리 있나요?

점원   12일 금요일 7시 반부터 열다섯 분이시죠? 잠시 (イ 기다려 주십시오).

      · · · · · · · ·

점원   오래 기다리셨습니다. 12일 밤 7시 반부터 9시 반까지, 음료 무제한 3000엔 코스로
      열다섯 분이시죠? (ウ 알겠습니다). 그럼 성함과 연락처를 부탁드립니다.

김	김입니다. 전화번호는 0424-22ー××××입니다.
점원	김 선생님이시고요. 전화번호는 0424ー22ー××××이시죠? 그럼 12일 7시 반에 (エ 기다리고) 있겠습니다. 감사합니다.

質問 ❶ **(ア)(イ)(ウ)(エ)에는 어떤 말을 넣으면 좋을까요?**

(ア) 1 여쭤보겠습니다 　　2 (잘못된 표현)
　　　3 (잘못된 표현) 　　4 (잘못된 표현)

(イ) 1 (잘못된 표현) 　　2 기다려 주십시오
　　　3 (잘못된 표현) 　　4 (잘못된 표현)

(ウ) 1 (잘못된 표현) 　　2 (잘못된 표현)
　　　3 알겠습니다 　　4 (잘못된 표현)

(エ) 1 (잘못된 표현) 　　2 (잘못된 표현)
　　　3 (잘못된 표현) 　　4 기다리고

質問 ❷ **김 씨는 어떻게 예약했습니까?**

1 10명으로 10% 할인받았습니다.
2 1인당 2700엔으로 예약했습니다.
3 8시 반까지 예약했습니다.
4 20% 할인받았습니다.

|해설| ❶ お＋ます형＋いたします (제가) 하겠습니다 〈겸양 표현〉
　　　　「いたす」는 「する」의 겸양어이다.
　　　　おねがいいたします 부탁드립니다 / お持もちいたします 제가 들겠습니다
　　　❷ よろしいでしょうか 괜찮겠습니까?

11　　친구와 싸고 맛있기로 소문난 가게에 간 적이 있다. 가게 앞에 사람들이 20미터쯤 줄을 서 있었다. 얼마 있다 가게 사람이 나와서는 '오늘은 여기까지'라고 적힌 것을 우리 뒤로 10명쯤 뒤에 세워 두었다. '다행이야. 하마터면 못 먹을 뻔했어.'라고 친구가 말했다. 근처 회사에 근무하는 듯한 사람들도 많이 있었다. 모두 기다리는 데 익숙한지 이야기하면서 기다리고 있었다. 이래서는 쉽게 들어가지 못할 거라고 생각했지만, 20분쯤 지나 안으로 들어갈 수 있었다. 요리는 금방 나왔다. 싸고 맛있었지만 느긋하게 식사를 즐길 수는 없었다.

조금 고급스러운 런치 타임이 주부들에게 인기 있다. 친구와 자주 가는 레스토랑은 언제나 주부들로 가득하다. 점심이라고 해도 5천 엔은 들기 때문에, 샐러리맨이 먹기에는 너무 비싸다. 그들은 매일 점심을 해결해야 하기 때문에 커피를 포함해서 천 엔 정도밖에 쓸 수 없을 것이다. 주부는 가끔 가는 것이어서 조금은 비싸도 상관없다고 생각한다. 인터넷에서 맛있어 보이는 가게를 골라서 찾아간다. 괜찮은 가게는 손님이 많아서 예약을 하지 않으면 30분 정도 기다리는 게 보통이다. 주부의 눈은 까다로워서 맛뿐만 아니라 가게의 의자나 테이블, 꽃 등 가게의 인테리어도 좋아야 한다. 즉, 런치 타임에 주부들이 많은 가게는 조금 비싸지만 분위기도 좋고 맛도 좋다는 이야기이다.

質問 **1** (   )안에 적당한 말을 넣으세요.

1 어디가   2 어딘가

3 어디나   4 어디로

質問 **2** '다행이야. 하마터면 못 먹을 뻔했어.'라고 친구가 말한 것은 어째서입니까?

1 많은 사람들이 줄을 서 있었기 때문입니다.

2 가게 사람이 '오늘은 여기까지'라고 말했기 때문입니다.

3 '오늘은 여기까지'라고 적힌 것이 우리 앞에 놓였기 때문입니다.

4 '오늘은 여기까지'라고 적힌 것이 우리 바로 뒤에 놓였기 때문입니다.

質問 **3** 왜 주부들은 점심식사에 5천 엔이나 써도 상관없다고 생각합까?

1 그 날 5천 엔을 쓰기 위해 평소에는 싸구려 점심을 먹기 때문입니다.

2 가끔 밖에서 식사를 하기 때문에 비싸도 괜찮다고 생각하기 때문입니다.

3 밖에서의 식사는 비싼 것이 보통이기 때문입니다.

4 인터넷에서 찾으면 싼 곳이 없기 때문입니다.

質問 **4** 런치 타임에 대해 뭐라고 적혀 있습니까?

1 맛있는 것을 먹기 위해 줄을 서는 일은 흔히 있는 일입니다.

2 사람들이 줄을 서 있는 가게는 맛은 있지만 비쌉니다.

3 점심 식사가 5천 엔이나 하는 가게의 손님은 주부밖에 없습니다.

4 주부가 가는 가게는 비싼 곳뿐입니다.

|해설| ❶ 〜でいっぱいだ 〜로 가득하다, 〜로 꽉 차다
❷ 〜てもかまわない 〜해도 상관없다.
❸ 目めがきびしい 보는 눈이 까다롭다

12

나는 걷는 것이 (취미)다. 특별한 장소를 걷는 게 아니라, 어디를 가야할 때 한 정거장 전 역에서 내리거나, 지도를 보면서 도중에 절이나 신사, 공원 등이 있으면 들러서 구경하거나 한다. 어느 날 들어갔던 작은 절의 연못에 고대 연꽃이 피어 있는 것을 발견했다. 이야기로는 들었지만 그 절에 있을 줄은 몰랐다. 전부터 보고 싶었기 때문에 기뻤다. 또, 집에 돌아와서 걸었던 길을 떠올리며 지도에 연필로 빨간 색을 칠하는 것도 즐겁다. 내가 볼일이 있는 곳은 대개 도쿄 안이어서 도쿄만 빨갛게 되었다.

가장 멀리까지 걸어갔던 것은 내가 22살 때였다. 친구와 가마쿠라까지 걸어가게 되었다. 밤 12시에 집을 나와서 처음에는 쉽게 도착할 수 있을 거라 생각했지만, 그건 오산이었다. 가마쿠라는 우리 집에서 50킬로 이상이나 되었기 때문에 점점 지치기 시작해서, 75% 정도 걸었을 즈음 쉬고 싶어졌다. 그런데, 넓은 도로 옆이라 차가 많이 지나다녀서 공기가 나빴던 게 기억난다.

길에 앉아서 쉰 후에 다시 걸으려고 했더니 다리가 움직이지 않았다. 제대로 걸을 수 있게 되기까지 몇 분이나 걸렸다. 그 때, 정말로 지쳐 있을 때에는 앉으면 안 된다는 걸 알았다. 그 후에는 서서 쉬기로 했다. 가마쿠라에 도착하기기 전엔 오르막길이 있다. 지쳐 있었기 때문에 오르막길을 오르는 데 힘이 들었다. 그래도 힘을 내서 가마쿠라까지 걸었다. 12시간 정도 걸려서, 도착했을 때는 점심시간이 되어 있었다. 좋은 추억이다.

앞으로도 많이 걷고 많은 추억을 만들고 싶다.

質問 ❶ (   )안에 적당한 말을 넣으세요.

1 취미 　　　　　　　　　　　2 흥미

3 놀이 　　　　　　　　　　　4 꿈

質問 ❷ 젊은 시절 어떻게 걸어 다녔습니까?

1 신사나 절에 가기 위해 걸었습니다.

2 딱히 어디를 갈지 정하지 않고 걸었습니다.

3 유명한 곳에 가기 위해 걸었습니다.

4 유명한 것을 찾기 위해 걸었습니다.

質問 ❸ 가마쿠라까지 걸었을 때의 경험은 어느 것입니까?

1 절반쯤 걷자 더 이상 지쳐서 걸을 수 없게 되었습니다.

2 차와 같은 길을 걸었기 때문에 공기도 나쁘고 위험했습니다.

3 앉을 수도 없을 만큼 너무 지쳐서 서서 쉬었습니다.

4 지쳐도 계속 걸었기 때문에 점심때에는 가마쿠라에 도착했습니다.

質問 ④ **걷는 것에 대해 뭐라고 말하고 있습니까?**

1 젊은 시절에는 지도에 빨간색을 칠하기 위해 걸었습니다.

2 어딘가에 갈 때는 항상 한 정거장 전 역에서 내렸습니다.

3 앞으로도 많이 걷고 많은 추억을 만들고 싶습니다.

4 가마쿠라 같은 먼 곳에 가는 일이 많았습니다.

| 해설 | ❶ 色いろをつける 색을 칠하다
| | ❷ 〜てはだめだ 〜해서는 안 된다

13

로봇 기술은 점점 발전하고 있습니다. 서서 걷는 로봇이 태어난 것은 1996년입니다. (공장)에서 일하는 로봇도 많지만, 최근에는 길을 안내하거나, 무언가를 설명하거나 할 수 있는 로봇도 있습니다. 이상한 질문을 해도 거기에 맞춰서 대답이 돌아옵니다. 요리를 만드는 로봇도 있습니다.

점점 로봇이 사람에 가까워지고 있어서, 이것이 진짜 로봇인가 할 정도로 사람과 닮은 로봇도 있습니다. 지금까지 만화나 SF 속에 나오던 로봇이 우리들 곁에서 볼 수 있게 된 것입니다.

미래에는 공장에서든 집 안에서든 로봇이 모든 것을 해 주어 사람은 일하지 않아도 될지 모릅니다.

質問 ❶ **(   )안에 적당한 말을 넣으세요.**

1 공장

2 학교

3 사무소

4 집

質問 ❷ **로봇에 대해 뭐라고 말합니까?**

1 공장 이외에는 없습니다.

2 요리나 노래가 가능한 로봇도 있습니다.

3 힘이 세서 위험합니다.

4 우리가 생각하는 로봇은 현실에 없습니다.

質問 ❸ **미래에 로봇과 사람의 관계는 어떻게 됩니까?**

1 로봇이 없으면 생활이 불가능하게 되어 버립니다.

2 로봇은 스스로 일하게 됩니다.

3 로봇이 일하기 때문에 공장이나 집 안에서 사람이 없어집니다.

4 많은 일을 로봇이 해 주게 될지도 모릅니다.

14

두근두근 오키나와 2박 3일 여행

일요일	월요일	화요일	수요일	목요일	금요일	토요일
1 ★	2 ★	③ ★	④ ★	⑤ ★	6 ★	7 ★
8 ◎	9 ◆	10 ◆	11 ×	12 ◎	13 ★	14 ★
15 ◎	16 ◆	17 ◆	18 ×	19 ◎	20 ★	21 ★
22 ◎	23 ◆	24 ◆	25 ×	26 ◆	27 ◎	28 ◎
29 ◆	30 ◆	31 ◆				

3, 4, 5일은 국경일

★ 56,000円

◎ 42,000円

◆ 32,000円

× 출발은 없습니다.

· 12세 이하의 어린이는 1만 5천 엔 할인됩니다.

· 좌석을 사용하지 않는 2세 이하의 어린이는 무료입니다. 좌석을 사용할 경우는 12세 이하 어린이와 동일한 요금을 내셔야 합니다.

· 1인 요금만 지불하는 경우 6천 엔의 별도 요금을 내셔야 합니다.

質問 ❶ 토 · 일과 국경일이 휴일인 회사에 다니는 사람이 되도록 회사를 쉬지 않고 저렴하게 여행을 가려면 언제 출발하는 게 좋습니까?

1 26일
2 27일
3 29일
4 26일이나 29일

質問 ❷ 토 · 일과 국경일이 휴일인 회사에 다니는 사람이 회사를 쉬지 않고 여행을 갈 수 있습니까?

1 불가능합니다.
2 1일에 출발하면 가능합니다.
3 3일에 출발하면 가능합니다.
4 6일에 출발하면 가능합니다.

質問 ❸ 좌석을 이용하지 않는 2살의 어린이와 둘이서 27일부터 여행을 할 때 모두 합쳐 얼마를 지불합니까?

1 42,000엔 2 48,000엔
3 69,000엔 4 84,000엔

12세의 어린이와 둘이서 29일에 출발할 때는 얼마가 듭니까?

1 32,000엔   2 38,000엔

3 49,000엔   4 64,000엔

| 해설 | ❶ 1泊2日いっぱくふつか   2泊3日にはくみっか   3泊4日さんぱくよっか

  4泊5日よんはくいつか   5泊6日ごはくむいか

  ❷ ~なければなりません   ~하지 않으면 안 됩니다, ~해야 합니다

15

스미스	실례합니다.
다나카	(ア 누구)십니까?
스미스	스미스입니다.
다나카	스미스 씨, 먼 곳까지 잘 오셨습니다. 자, 어서 들어오시죠.
스미스	예, 실례하겠습니다.
다나카	이쪽 슬리퍼를 (イ 신으)세요.
스미스	예, 고맙습니다.
다나카	비좁지만 이쪽으로 오시죠.
스미스	그럼, 실례하겠습니다.
다나카	다다미 방인데 바닥에 앉는 것 괜찮겠어요?
스미스	일본식 방은 처음이라 매우 흥미롭습니다.
다나카	그럼, 이쪽으로. 다리가 아프면 의자를 가지고 오겠습니다만….
스미스	괜찮습니다. 앉아 (ウ 보겠습니다).
다나카	스미스 씨, 커피 괜찮으시죠? 금방 가지고 올 테니 잠시 기다려 주세요.
스미스	저…, 커피 말고 일본차가 좋습니다만.
다나카	그래요?
스미스	일본에 관한 것들은 (エ 뭐든지) 경험해 보고 싶습니다.
다나카	일본차는 처음인가요?
스미스	예, 그렇습니다.

質問 ➊ (ア)(イ)(ウ)(エ)에는 어떤 말을 넣으면 좋을까요?

（ア） 1 (잘못된 표현)　　　2 (잘못된 표현)
　　　3 (잘못된 표현)　　　4 누구

（イ） 1 입어　　　　　　　2 신어
　　　3 붙여　　　　　　　4 벗어

（ウ） 1 보겠습니다　　　　2 있겠습니다
　　　3 두겠습니다　　　　4 있습니다

（エ） 1 아무것도　　　　　2 뭔가
　　　3 뭐든지　　　　　　4 무엇만

質問 ➋ 회화에서 알 수 있는 것은 무엇입니까?

1 스미스 씨는 일본의 차를 좋아합니다.
2 스미스 씨는 의자에 앉습니다.
3 스미스 씨는 구두를 벗었습니다.
4 스미스 씨는 다다미 위에 앉은 적이 있습니다.

| 해설 |

➊ ごめんください　실례합니다, 아무도 안 계십니까
➋ お上がりください　들어오십시오 손님에게 집안으로 들어오라고 권하는 말이다.
　「お＋ます형＋ください」의 형태는 존경의 뜻을 나타낸다.
➌ きょうみがある　흥미가 있다, 관심이 있다

MEMO